강아지 키우기 가이드북

# 내 가족이 되어주게!

아덴 무어 글 | 윤영 옮김

지금까지 살면서 만난 모든 개들에게
진심 어린 박수를 보냅니다.
개들 덕분에 더 나은 사람이 될 수 있었어요.

이 책을 함께 쓴 집필 동반자,
코나에게 특별한 감사를 전합니다.
코나, 넌 정말 예쁘고 똑똑해.

동물을 사랑하는 내 가족
줄리, 뎁, 캐런, 케빈, 질, 릭,
정말 정말 고마워요.

## 차례

안녕, 친구들! 6

1. 나의 친구, 나의 강아지 ............... 8

2. 개를 위한 행복한 집 만들기 ........... 34

3. 개를 위한 훈련 교실 .................... 48

4. 개와 함께하는 즐거운 야외 생활 ... 92

5. 건강하고 행복한 내 강아지 .......... 116

용어 해설 140

## 안녕, 친구들!

 이 책을 읽고 있는 여러분은 원래부터 동물을 사랑하는 사람이었을 거예요. 바로 나처럼요! 내가 가장 좋아하는 기억 중 하나는 예전에 살던 지역 동물 보호소에서 비글 한 마리를 데려왔던 거예요. 우리는 비글한테 크래커라는 이름을 지어 주었어요. 어쩌다 그 이름을 골랐는지 잘 기억나지 않지만, 어쨌든 크래커는 금방 내 최고의 친구가 되었답니다.

 크래커는 나랑 숲으로 산책하러 가고, 호수에서 수영하는 걸 좋아했어요. 그리고 저녁 식사 시간엔 먹기 싫은 소 간(우웩!)을 부모님 몰래 대신 먹어 주기도 했답니다. 크래커는 내가 키운 첫 개였기 때문에 앞으로도 절대 잊지 못할 거예요.

 요즘은 행복하게도 세 마리의 멋진 개들 코나, 부조, 클레오와 함께 지내고 있어요. 매일매일 개들은 날 웃게 만들고, 새로운 걸 가르쳐 준답니다. 나는 지난 20년 동안 반려동물 행동 상담가이자 반려동물 응급 처치 강사, 라디오 진행자 그리고 작가로서 최선을 다해 사람들에게 개에 대해서 알려 주고 있답니다. 세상에서 내 직업이 최고인 것 같아요!

　이 책에서는 행복한 강아지 코나가 저를 도와 여러 가지를 알려 줄 거예요. 코나는 샌디에이고 동물 보호소에서 입양한 잭 러셀 테리어 믹스랍니다. 난 첫눈에 코나를 보자마자, 코나는 첫코에 내 냄새를 맡자마자 서로 사랑에 빠졌어요.

　당시 코나가 할 줄 아는 재주는 '앉아'뿐이었어요. 하지만 나랑 같이 살면서 재주가 수십 가지로 늘었답니다. 코나는 3단계 복종 훈련을 완벽하게 배웠고, 학교나 병원, 요양원 등에서 공인된 치료용 개로서도 임무를 아주 잘해 주고 있어요.

　코나의 공식적인 직함은 '안전 요원 개 코나'지만, 나는 '아이스크림 코나'라는 재미있는 별명을 더 좋아해요. 코나는 나랑 전국을 돌며 반려동물 응급 처치와 행동 교정 강의를 하고 있어요. 보호소 출신 멍멍이가 개들의 대표로서 활약하는 거죠.

　모든 개들은 좋은 훈련을 탄탄하게 받아야 할 뿐만 아니라 가장 좋아하는 사람(바로 여러분)과 같이 놀고 탐험할 기회를 누려야만 해요. 새롭게 강아지를 집에 데려왔든, 이미 오랫동안 개와 가족처럼 지냈든, 그냥 강아지가 엄청 좋아서 언젠가 키우고 싶든 상관없어요. 여러분이 개에게 최고의 친구가 될 수 있도록 코나와 내가 필요한 것들을 차근차근 알려 줄 거니까요.

　그럼 새로운 지식과 재미있는 활동을 향해 출발~!

### 안녕, 난 코나야!

내가 없었다면 아덴은 이 책을 쓰지 못했을걸. 책 중간중간에 나오는 내 이야기에 귀를 기울여 봐. 난 해 줄 이야기가 아주 많고, 이야기해 줄 수 있는 게 정말 기뻐!

# 1

# 나의 친구, 나의 강아지

개와 함께 산다는 건 정말 멋진 일이죠. 개는 여러분을 사랑하고, 함께 놀아 주고, 곁에 있어 주고, 울적할 땐 꼭 안아 주기도 해요. '반려동물'이란 말의 뜻처럼 개는 여러분에게 가족 구성원이자 최고의 친구가 될 수 있어요.

개는 두말 할 것 없이 우리 삶을 더 풍요롭게 만들어요. 우리 기분이 어떤지 다 안다는 듯 우리 이야기에 귀 기울여 주고요. 때로는 우스꽝스럽고 멍청한 짓을 하는 네발 달린 코미디언 같기도 해요. 가끔 좋아하는 스웨터를 다 망가뜨려 놓거나, 아침 일찍 화장실에 가겠다고 잠을 깨우긴 해도 말이에요. 개는 늘 여러분을 세상 최고로 여기거나 세상에서 제일 대단한 사람처럼 대해 준답니다.

**개와 함께 살기 위해선** 그저 먹을 걸 주고 산책을 시키고, 예뻐해 주는 걸로는 부족해요. 개의 행동을 이해하고 개로서 어떻게 대해야 할지 아는 게 중요하지요. 개는 여러분이 원한다면 아무 때나 놀 수 있는 장난감도 아니고, 털 많은 어떤 존재도 아니에요. 개는 여러분과 마찬가지로 감정이 있어요. 행복, 슬픔, 자신감, 무서움을 다 느끼죠.

여러분의 개는 다른 모든 개들처럼 적절한 훈련과 예의를 모른 채 태어났기 때문에 여러분과 가족들이 좋은 습관을 가르쳐 줘야 해요. 여러분이 개에게 줄 수 있는 가장 중요한 선물은 '도움을 아끼지 않는 긍정적인 훈련'이랍니다. 적절한 훈련이 있어야 개를 더 안전하게 지킬 수 있고, 생활도 더 쉬워져요. 또 가족 전체, 특히 개 자신이 훨씬 더 편안하고 행복할 거예요.

넌 정말, 정말, 정말 최고의 친구라개.

# 개는 개답게

여러분은 개와 놀라운 관계를 맺을 수 있어요. 하지만 이건 친구들과 친하게 지내거나 형제들과 사이좋게 지내는 것과는 달라요. 개는 수천 년이 넘도록 인간과 함께 살아왔어요. 하지만 개들이 비록 우리 인간과 함께 사는 것에 잘 적응했다 해도, 그들에겐 꼭 존중해 줘야 할 뿌리 깊은 욕구가 있어요. 개와 함께 잘 지내기 위해 꼭 기억해야 할 것들을 하나하나 알려 줄게요.

## 가족 간의 계급

개는 원래 무리 지어 사는 동물로, 집안에서 자신의 위치를 알고 싶어 해요. 여러분은 부모님이 집안의 리더라는 걸 알고 있죠? 마찬가지로 개 역시 여러분과 부모님이 자기보다 높은 서열이라는 걸 알아야 해요. 여러분이 다정한 리더이자 간식 담당자로서 역할을 잘해야 개에게 존경과 충성을 받을 수 있어요.

또 하나 중요한 것은, 개가 자신을 집에서 가장 높은 서열이라고 착각하게 해서는 안 돼요. 이런 혼란이 문제를 일으키죠. 자신이 집안에서 어떤 위치인지 잘 몰라 혼란스럽거나 겁이 난 개는 너무 많이 짖거나, 누구의 말도 듣지 않거나, 물건을 씹어서 망가뜨려요. 또 사람을 보고 도망치거나, 심지어 사람을 물 수도 있어요. 개들에겐 명확한 가족 간의 서열과 예측 가능한 하루 일과가 있어야 해요.

가족은 늑대 무리와 비슷해요. 모두가 자신의 위치를 잘 알아야 하죠.

부모님
- - - - - - - - - - -

어린이
- - - - - - - - - - -

개
- - - - - - - - - - -

## 개의 언어

개에게는 무엇을 말하느냐보다 어떻게 말하느냐가 더 중요해요. 개는 인간의 감정에 매우 민감하거든요. 소리를 지르면 개는 비굴하게 웅크리거나 몸을 떨 수 있어요. 반대로 칭찬해 주면 기뻐서 꼬리를 마구 흔들겠죠.

물론 사람도 개의 몸짓 언어를 어느 정도는 해석할 수 있지만, 개가 사람의 몸짓 언어와 자세를 읽어 내는 능력이 훨씬 더 탁월해요. 그러니 개와 수다를 떨 때는 말뿐만 아니라 말투와 몸짓 언어를 세심하게 선택해야 한답니다.

네 말투에 엄청 신경 쓰고 있다멍.

사람 말은 할 줄 모르지만… 네가 무지 화났다는 건 알겠어.

**개 입장에서 생각하기** 개는 우리 행동을 이해하고 해석하기 위해 최선을 다해요. 예를 들어 사람에겐 포옹이 애정 표현이지만, 개에게는 위협적인 동작으로 보일 수 있어요. 싫어도 참고 있는 것뿐이죠. 개의 입장에서는 턱을 긁어 주거나 등을 쓰다듬어 주는 게 훨씬 더 좋아요. 여러분의 개를 예의 바르게 만들고 싶다면 먼저 개의 요구를 존중해 주세요. 또 개가 뭔가를 먹거나 혼자 있고 싶어 할 때는 건드리지 않는 게 좋아요.

**코나의 한마디**

### 인간과의 오래된 우정

우리 개들과 인간은 정말 오랜 시간 친구로 지내왔어! 정확하지는 않지만, 대부분의 과학자는 1만4천 년 전부터 인간이 개를 사냥 파트너와 파수꾼으로 키웠다고 보고 있지. 우린 정말 오랜 우정이지 않아?

이 테리어는 뽀뽀 받는 걸 원하지 않는 게 분명해요. 개를 존중해 주세요. (20쪽에서 개의 몸짓 언어에 대해 배워 보세요.)

# 훈련 = 보다 즐겁게 사는 법

여러분은 부모님으로부터 기본적인 것들을 배웠겠죠? 예의 바르게 행동해라, 다른 사람을 방해하지 마라, 집 안에서는 소리 지르지 마라, 길에 뛰어들면 안 된다 등등…. 개들도 기본적인 습관을 배우기 위해서는 도움이 필요해요. 개가 훈련이 잘 되어 있으면 여러분과 개, 둘 다 이득이랍니다. 여러분이 착하게 행동할수록 부모님도 여러분을 재미있는 곳에 더 자주 데려가잖아요. 개도 마찬가지예요. 훈련을 잘 받아 사회성 좋은 개는 반려동물 동반 호텔, 음식점, 캠프장, 반려동물 용품점, 집 주변 등 어디서나 환영을 받는답니다.

훈련은 강아지 때부터 시작하는 게 가장 좋아요. 하지만 나이 든 개에게도 새로운 재주를 충분히 가르칠 수 있어요.

## 처음 만난 개와 인사하기

우리처럼 개들에게도 기본적인 언어가 있다는 걸 알고 있나요? 예를 들어 길에서 개를 보면 자연스럽게 인사하고 싶은 마음이 들 거예요. 하지만 그 전에 반드시 안전을 생각해야 하고, 개 역시 여러분에게 인사하고 싶어 하는지 먼저 확인할 필요가 있어요.

둘이 만난 순간이 서로에게 즐거운 시간이 되도록, 또 안전할 수 있도록 기억해야 할 규칙 세 가지가 있어요.(개들끼리의 만남에 대해서는 93쪽을 참고하세요.)

목줄을 한 귀여운 개가 여러분 쪽으로 다가오고 있다고 한번 생각해 보세요. 그리고 다음의 세 가지를 기억하세요.

**허락받기** 주인이 괜찮다고 허락하기 전에는 절대 개를 만지면 안 돼요.

**냄새 맡게 두기** 개는 자기가 만나고 있는 사람이 친구인지 적인지 판단하기 위해 강력한 후각을 이용해요. 갑작스럽게 개를 만지려 하지 말고, 주먹을 쥐고 개에게 내밀어 보세요. 그러면 개가 냄새를 맡기 위해 한 발 다가올 거예요.

**조심스럽게 등 쓰다듬기** 모든 개가 머리 쓰다듬는 걸 좋아하진 않아요. 모르는 사람이 그러는 걸 위협으로 느낄 수도 있거든요. 등을 부드럽게 쓸어 주면서 개와의 신뢰를 쌓아 보세요.

## 이런 개는 만지면 안 돼요

만지는 걸 원하지 않는 개들도 있어요. 낯선 사람이 두려워서 그럴 수도 있고, 친구 사귀는 데 관심이 없는 걸 수도 있죠. 길에서 만난 개가 다음과 같은 신호를 보인다면 그냥 가던 길을 계속 가세요.

* 여러분이나 누군가와 마주쳤을 때 주인 뒤로 숨는 개
* 달려들거나 으르렁거리는 개
* 몸을 잔뜩 긴장하고 있는 개
* 입술을 올려 이빨을 보이는 개

## 얼음 땡, 나무가 되자!

낯선 개가 목줄도 없이 달려든다면, 소리를 지르거나 도망치면 안 돼요. 오히려 개가 쫓아오거나 공격할 수도 있거든요. 원래 개는 포식 동물이기 때문에 움직이는 먹이를 쫓아가서 잡는 걸 좋아해요. 그러니 여러분 스스로 사냥감이 되지 말고 그냥 나무처럼 조용히 그리고 가만히 있으면 돼요.

왜 나무일까요? 그 자리에 가만히 서 있는 나무는 재미가 없어요. 개는 이렇게 재미없는 나무를 쫓아가진 않죠. 다람쥐처럼 움직이는 동물만 쫓아요. 그러니 낯선 개가 다가와 겁먹었더라도 다음의 세 가지를 따라 하면 안전해요.

1. 그 자리에 멈춰 선다.
2. 천천히 팔짱을 낀다.
3. 머리를 숙이고 개를 똑바로 쳐다보지 않는다.

# 멍멍 소리 감별법

개는 열다섯 가지 정도의 소리를 낼 수 있어요. 그리고 그것들 대부분은 사람을 향해서 내는 소리죠. 왜냐고요? 개는 똑똑하니까요. 사람들은 서로 몸짓 언어로 대화하기보다 말로 대화한다는 걸 개들도 깨달은 거예요. 그래서 '개들끼리의 의사소통'은 사람들에게 할 때보다 오히려 조용한 편이에요. 개와 서로 의미 있는 대화를 주고받고 싶다면, 개가 정말로 말하고 싶은 게 무엇인지 알아내기 위해 잘 들을 뿐만 아니라 잘 봐야 해요.

왈 왈

**한두 번 짖는다.** 개가 여러분을 보며 한두 번만 짖는다면, "안녕, 친구! 별일 없어?"라고 말하는 거예요. 강아지식 인사법이죠. 이럴 땐 친근하고 기분 좋게 반응해 줌으로써 개에게 관심을 두고 있다는 걸 알려 주면 돼요. 방법은 간단해요. 개 이름을 부르며 "안녕!"이라고 말하면서 친근하게 쓰다듬어요.

**계속해서 빠르게 짖는다.** 여러 차례 "멍, 멍, 멍!" 짖는데 이 소리가 점점 빨라지거나 높아진다면, 다른 사람이나 개가 다가오고 있다는 걸 알리는 것일 수 있어요. 또는 좋아하는 테니스공이 소파 밑으로 들어갔으니 꺼내 달라고 요청할 때도 불만스럽게 여러 번 짖을 수 있어요.

개가 시끄럽게 짖는다고 해서 조용히 하라고 소리치면 안 돼요. 개 입장에서 사람의 고함 소리는 짖는 것처럼 들릴 수 있고, 계속 짖어도 된다고 허락하는 것으로 받아들일 수 있어요.

**낑낑거린다.** 이 애절한 높은 소리는 입을 다문 채 내요. 개들의 낑낑거림은 대개 도움을 요청하는 거예요. 화장실에 가고 싶으니 문을 열어 달라고 할 때처럼요. 또는 뭐가 혼란스럽거나 걱정스러울 때도 그럴 수 있어요. 예를 들면 동물 병원에서 차례를 기다리거나 가게 밖에서 여러분이 나오기를 기다리고 있을 때도 낑낑거리곤 해요. 또 통증이 있어서 우는 경우일 수도 있으니 몸에 상처나 아픈 곳이 없는지도 살펴보세요.

**헥헥거린다.** 개들은 사람처럼 땀을 흘리지 않아요. 대신 몸의 열을 식히기 위해서 입을 벌리고 빠르게 헥헥거리죠. 너무 덥거나 신나게 뛰어노는 개들은 심하게 헥헥거릴 수 있어요. 그러면 좀 쉬거나 열을 식히거나 물을 마실 때라는 걸 알아주세요.

개들은 또 긴장되거나 겁날 때도 헥헥거릴 수 있어요. 하품이나 입술 핥기 역시 긴장의 증거랍니다.

**울부짖는다.(하울링)** 어떤 개들은 조상인 코요테나 늑대처럼 고개를 높이 쳐들고 오랫동안 길게 울부짖을 때가 있어요. 시베리안 허스키나 비글 같은 몇몇 종은 원래부터 잘 울부짖어요. 멀리 떨어져 있는 무리의 구성원들과 의사소통을 하기 위한 멍멍이식 전화 시스템인 셈이죠.

개들 중에는 천성적으로 잘 울부짖는 종이 있어요.

개는 사람보다 청력이 훨씬 좋아요. 그래서 경찰차나 소방차 사이렌 소리가 거슬리면 높은 목소리로 같이 울부짖을 때가 있어요. 만약 여러분의 개가 하울링을 잘한다면, 여러분이 신호를 줬을 때 하울링을 하도록 훈련시킬 수도 있겠죠?

**으르렁거린다.** 입술을 말아 올려 이빨을 드러내고 목구멍에서부터 낮게 으르렁거리는 소리를 낼 때가 있어요. 이건 "저리 가!"라는 뜻으로, 공격 모드에 들어가기 전 미리 경고하는 거랍니다. 개가 으르렁거릴 때는 다가가지 마세요. 갑자기 달려들거나 물 수 있거든요. 음식이나 자기가 좋아하는 물건을 지킬 때 또는 귀찮게 굴며 장난기 많은 강아지나 아이들이 다가오지 못하도록 경고할 때도 으르렁거릴 수 있어요.

 **코나의 한마디**

## 몸짓으로 할 말 다 한다고

나도 친구들이랑 할 말은 많지만, 가끔은 소리를 내지 않고 대화를 해. 바로 몸짓으로 하는 거야. 너희들이 하는 거랑 비슷한데, 알려 줄까? 손을 흔들면 인사를 하는 거고, 폴짝폴짝 뛰면 기분이 매우 좋다는 뜻이야. 어때? 우리 개들의 몸짓 언어, 너희랑 비슷하지?

## 대박 맛있는 고기 쿠키

이 쿠키를 한번 맛보면 강아지가 똑바로 앉아서 하나만 더 달라고 조를 거예요.
심지어 지나치게 달지도 않답니다.

**작은 쿠키 50여 개 만드는 분량**

체에 친 통밀가루 2½컵 / 소고기로 만든 아기 이유식 작은 것 2병
저염 소고기 육수 6테이블스푼 / 무지방 분유 ½컵
물 ½컵 / 달걀 1개 / 황설탕 1테이블스푼

1. 오븐을 180℃로 예열해요. 베이킹 팬에 기름을 가볍게 바르거나 종이 호일을 깔아요.
2. 큰 그릇에 모든 재료를 담고 섞어요.
3. 손에 밀가루를 묻히고 반죽을 큰 공 모양으로 빚어요. 밀방망이로 밀어서 공 모양을 납작하게 만들어요.
4. 쿠키 틀을 이용해서 반죽을 재미있는 모양으로 찍어 내요.
5. 노릇노릇해질 때까지 25분 정도 구워요. 보관하기 전에 쿠키를 식혀요.

밀폐 용기에 담아 2주까지 냉장 보관할 수 있어요. 몸무게가 약 14킬로그램 이하인 개는 하루 한 개, 그 이상이면 두 개씩 줍니다. 훈련용 간식으로 이용할 때는 잘게 쪼개서 쓰세요.

# 개가 표현하는 몸짓 알기

꼬리는 더 흔들고 말은 적게 하기. 바로 그게 개들의 대화법이에요. 대부분 개는 머리, 몸, 꼬리를 움직이는 방식으로 조용히 이야기합니다. 짖거나 다른 소리를 내는 건 사람에게만 쓰는 거예요. 다만 예외는 있어요. 바로 개 공원에서 친한 친구들을 잔뜩 만났을 때, 서로 쫓아다니고 신나게 놀면서 행복하게 짖을 순 있어요.

하지만 개와 둘이서 분명한 대화를 해야 할 때라면, 개의 머리부터 꼬리까지 온몸을 유심히 살펴봐야 해요. 그래야 개의 기분과 의도를 잘 알 수 있으니까요. 간단한 '개의 언어' 몇 가지를 알아봐요.

**안녕, 만나서 반가워!** 반갑게 맞아 주는 개는 편하게 옆으로 다가오거나 원을 그리면서 꼬리를 흔들어요. 눈빛은 온화하고, 온몸을 씰룩거리거나 몸을 C자로 만들기도 해요. 노래를 부르는 듯한 소리를 낼 수도 있고, 높고 빠르게 짖을 수도 있어요. 아니면 강아지식 키스처럼 여러분의 손이나 뺨을 핥을지도 몰라요.

**무슨 일이야? 어서 말해 줘!** 궁금하거나 호기심 가득한 개는 여러분의 말을 더 잘 들으려고 하는 것처럼 고개를 한쪽으로 갸우뚱해요. 꼬리는 들고 좌우로 살랑살랑 움직이고요. 귀는 쫑긋 세우고 몸에는 힘을 뺄 때도 있어요. 또 반응하고 싶은 마음을 표현하기 위해 여러분의 팔이나 다리를 발로 건드리기도 해요.

**같이 놀래?** 앞다리는 앞으로 쭉 내밀고 뒤 꽁무니는 하늘로 높이 쳐들어요. 또 입은 벌리고 활짝 웃는 것 같은 표정으로 혀를 쑥 내밀 수도 있어요. 코로 여러분을 자꾸 밀거나 자기가 좋아하는 장난감이나 공을 갖고 오기도 해요.

어떤 개들은 머리를 들어 올리고 마치 악어처럼 반복적으로 아래 위 턱을 딱딱 부딪치기도 해요. 허공에 대고 이빨을 부딪치는 것과 더불어, 옆으로 춤추듯 재미있게 움직이거나 좋아하는 장난감을 물고 와서 여러분에게 갖다 준다면 놀고 싶다는 신호랍니다.

내 배 긁어 줄 거지?

**나 불안해.** 겁이 나거나 의심스러워하는 개는 꼬리를 뒷다리 사이에 끼워 넣고, 입술을 핥아요. 또는 하품을 하고, 작아 보이게 하려고 몸을 웅크려요. 눈을 가늘게 뜨거나 시선을 피할 수도 있어요. 귀를 뒤로 젖히기도 하고요.

몸을 떨거나 털 수도 있고, 방광 근육을 조절하지 못할 정도로 긴장하면 오줌을 찔끔 지릴 수도 있어요. 또는 그 자리에 꼼짝하지 않고 서 있는 개들도 있고, 어쩔 줄 몰라 하며 숨을 곳을 찾는 개들도 있어요. 이것 모두 항복하고 백기를 흔드는 표현이랍니다.

겁먹은 개를 안아 주거나 격앙된 목소리로 달래려 하면 안 돼요. 이런 행동은 개를 더 긴장시킬 수 있어요. 평소처럼 차분하게 말하고, 개 주위를 천천히 움직여요. 스스로 안전하다고 느끼고 다가올 수 있게 시간을 주세요.

**날 건드리지 마!** 화가 났거나 적대적인 개는 빤히 노려보면서 몸을 긴장시키고, 귀를 앞으로 당기거나 뒤로 바짝 붙여요. 또 으르렁거리면서 입술을 말아 올려 이빨을 드러내죠. 꼬리도 뻣뻣하게 쳐들 수 있어요. 앞발에 체중을 싣고 몸을 앞으로 숙이고, 으르렁거리거나 사납게 짖기도 합니다. 이 모든 게 절대 다가오지 말라는 개의 신호예요.

**1** 누구의 혀에 맛봉오리가 가장 많을까요?

A 사람
B 개
C 고양이
D 맛봉오리 개수는 모두 똑같다.

**2** 어떤 개가 가장 높이 점프할 수 있을까요?

A 잭 러셀 테리어    B 저먼 셰퍼드
C 골든 레트리버    D 그레이하운드

**3** 개의 귀에는 평균적으로 몇 개의 근육이 있을까요?

A 4    B 8
C 12   D 16

**4** 다음 중 한국 토종이 아닌 개는 무엇일까요?

A 진돗개    B 풍산개
C 불도그    D 삽살개

정답은 138쪽에서 확인하세요.

# 엄청 다양한 품종

개는 품종이 엄청 다양해요. 그리고 품종에 따라 체형, 크기, 털 종류, 심지어 성격까지 달라요. 몸집이 아주 작고 귀여운 치와와도 있고, 거대한 그레이트 피레니즈도 있죠. 털이 곱슬곱슬한 포르투갈 워터 도그도 있고, 이중 모를 가진 시베리안 허스키에, 털이 아예 없는 숄로이즈퀸까지!

**200여 품종** 현재 알려진 바로는 200개에 가까운 품종이 있고, 매년 새롭게 채택되는 종류도 늘어나고 있어요. 흔히 알려진 품종 외에도 사람들이 소위 '디자이너 품종'이라는 걸 계속 만들어 내고 있기 때문이죠. 디자이너 품종이란 서로 다른 두 품종의 장점을 고루 가지고 있는 개를 만들어 내기 위해 다른 품종끼리 교배하는 것을 말해요.

예를 들어 푸들과 슈나우저를 교배하면 슈누들이 나와요. 또 비글과 퍼그의 자손은 퍼글이죠. 물론 평범한 잡종견도 있어요. 서로 다른 품종 사이에서 나온 개는 다 잡종이니까요. 가끔은 조상이 누구인지 알 수 없지만, 모두 훌륭한 개들이랍니다.

품종 개의 경우, 대략 7개의 그룹으로 나누고 있어요. 기준은 특정한 외모와 성격을 가지고 있고, 특정 기량을 뽐내는 개들을 묶은 거예요.

## 코나의 한마디
### 난 잡종이 좋다멍!

우리 개들의 품종은 특정한 형질과 특성을 만들어 내기 위해 오랜 시간 개발되어 왔어. 마치 보온을 위해 빽빽한 털이, 먹이를 파내기 위해 짧고 튼튼한 다리가 발달하게 된 것처럼 말야.
'순종'은 같은 품종의 부모한테서 태어난 개들을 말해. 난 뭔지 궁금하다고? 난 말야, 원래 잡종을 좋아해. 왜냐하면… 내가 바로 잡종이니까!

잭 러셀과 웨스트 하이랜드 테리어

카발리에 킹 찰스 스패니얼

### 테리어 그룹

테리어 견종은 오래전부터 사냥하고, 해로운 동물을 죽이고, 가족을 보호하기 위해 길렀어요. 그래서 에너지가 넘치고 혈기가 왕성하죠. 또 끈질긴 투지가 있는 것으로도 알려져 있어요. 이 그룹에는 케언 테리어, 웨스트 하이랜드 화이트(웨스티), 잭 러셀, 스코티시 테리어 등이 있어요.

### 토이 그룹

이 개들은 가정견으로 키우기 적합하게 개량돼서 사람 무릎 위에 올라와 심리적 안정을 주곤 해요. 크기가 작아서 아파트나 좁은 집에서 키우기 좋고, 가족들과 같이 여행을 다니기도 편하죠. 하지만 덩치는 작아도 성격은 만만하지 않아요. 카발리에 킹 찰스 스패니얼, 치와와, 몰티즈 등이 있어요.

### 사역견 그룹

'사역견'이란 일을 하는 개들을 말해요. 이 개들은 임무를 잘 수행해서 경찰견, 수색 및 구조견, 폭탄 및 마약 탐지견 등으로 일하죠. 인기 있는 품종으로는 시베리안 허스키, 로트와일러, 복서가 있어요.

### 비수렵견 그룹

시대의 변화에 따라 그 역할과 목적이 퇴색된 견종들이에요. 그래서 크기, 외형, 성격 등이 각양각색이죠. 가장 다양한 품종이 여기에 속해요. 스키퍼키, 푸들, 불도그 등이 있고, 딱히 공통점을 찾기가 힘들어요.

로트와일러

잉글리시 불도그

잉글리시 스프링어 스패니얼

### 조렵견 그룹

인간을 도와 새를 사냥하는 데 특화된 견종이에요. 새를 찾아 날려 주어 사격을 돕거나 떨어진 사냥감을 찾아 물어 오는 역할을 했죠. 래브라도 레트리버, 골든 레트리버, 잉글리시 스프링어 스패니얼이 있어요.

푸들

## 수렵견 그룹

인간의 사냥을 도와주던 이 그룹 개들의 특성은 냄새 쫓아가기와 사냥이에요. 이들은 대부분 놀랄 만한 후각을 갖고 있거나 달리기에 능해서 추적에 적합하죠. 그레이하운드, 블러드하운드, 닥스훈트, 비글이 여기에 속해요.

## 목축견 그룹

이 영리하고 에너지 넘치는 개들은 양이나 소, 그 외 농장 가축들을 통제하기 위해 길렀어요. 해야 할 일이 있는 걸 좋아하고, 일반적으로 운동량이 많은 개들이죠. 보더 콜리, 저먼 셰퍼드, 웰시 코기 등이 여기에 속해요.

블러드하운드

보더 콜리

## 인기견 10종에 대한 재미있는 팩트 체크!

몇몇 품종의 개들은 유난히 수요가 늘어나고 있어요. 그중에서도 가장 인기 있는 열 가지 품종의 재미있는 특징을 알아봐요.

**비글** 이 조그만 사냥개는 특출한 후각과 넘치는 에너지의 소유자예요. 놀라운 코로 50가지 이상의 냄새를 구분할 수 있죠. 일단 한 가지 냄새에 꽂히면 끝까지 쫓아가기 때문에 꼭 목줄을 해야 해요. 하지만 집에서는 친근하고 장난기 많은 친구예요.

비글은 높은 풀숲을 달려갈 때도 찾기 쉽도록 꼬리 끝에 하얀 털이 나도록 개량되었어요.

비글

**복서** 어리숙해 보이는 얼굴과 근육질 몸매를 가진 복서는 움직이는 걸 좋아해요. 쉽게 싫증 내는 편이니 같은 장난을 반복하진 마세요. 그런데 왜 '권투 선수'라는 뜻의 '복서'라는 이름을 갖게 됐을까요? 그 이유는 사람을 만나면 반가워서 풀쩍풀쩍 뛰어오르며 앞발을 휘둘러서 그렇대요. 머리도 권투 글러브랑 약간 비슷하게 생겼고요. 대부분의 복서는 아이들을 매우 좋아해요.

**치와와** 세계에서 가장 작은 품종으로 순위에 오른 치와와는 평균 몸무게가 1~3킬로그램이에요. 멕시코 출신인 치와와는 담요나 베개 밑, 심지어 빨래 바구니 속 지저분한 옷 틈으로 파고드는 걸 좋아해요. 치와와는 스페인어로 '두 개의 물 사이'라는 뜻을 갖고 있어요.

**프렌치 불도그** 다리는 짧고 몸은 둥글둥글한 이 귀여운 견종은 인기가 매우 좋아요. 또 납작하게 눌린 얼굴과 코골이, 사랑스러운 '박쥐' 귀로 잘 알려져 있죠. 이 친근한 개는 먹는 걸 아주 밝히는데, 큰 눈과 귀에 푹 빠져 먹을 걸 너무 많이 주면 안 돼요. 지금은 '프렌치 불도그'로 부르지만 그 조상은 '잉글리시 불도그'랍니다.

**저먼 셰퍼드** 이 목축견은 새로운 걸 배우고 일하는 걸 좋아해요. 그래서 훌륭한 경찰견으로도 활약을 많이 하죠. 또 똑똑하고 튼튼하며 가족에게 충성스러워요. 털이 많이 빠지기 때문에 일주일에 적어도 두 번은 빗질해 주는 게 좋아요. 저먼 셰퍼드는 '알세이션'이라는 이름으로도 알려져 있어요.

**래브라도 레트리버** 이 사회성 좋은 개들은 아이를 좋아하고, 실종된 사람들을 찾는 데 도움을 주는 구조견 등 서비스견으로 훈련되는 경우가 많아요. 대부분의 래브라도 레트리버는 물을 좋아하며 플라이 볼, 어질리티, 경주 같은 도그 스포츠에도 탁월해요. 래브라도 레트리버의 털 색깔은 노란색, 초콜릿색, 검은색이 있어요.

**골든 레트리버** 이 개들은 친근하고 충성심 많아서 인기가 높아요. 또 총명한 데다 이름처럼 빛나는 황금빛 털을 갖고 있어요. 원래 오리 같은 물새 사냥용으로 만들어진 품종이기 때문에 수영도 엄청 잘하죠. 이름의 어원인 '레트리브'라는 단어도 '찾아서 물어오다'라는 뜻이에요. 찰리라는 골든 레트리버는 가장 시끄럽게 짖는 개로 세계 신기록을 갖고 있어요. 찰리의 짖는 소리는 전기톱보다 시끄러웠대요.

**푸들** 푸들은 프랑스의 국가견으로 알려졌지만, 원래 독일 출신이에요. 또 물에 빠진 사냥감을 가져오는 사냥견이었죠. 그래서인지 독일어로 '물웅덩이'라는 뜻을 가지고 있어요. 푸들의 털은 잘 빠지지 않으며, 크기에 따라 토이, 미니어처, 스탠다드 세 가지 종류로 나눠요. 똑똑한 푸들은 여러 가지 묘기를 보여 주는 개로 등장하곤 하죠.

**요크셔 테리어** 1800년대 영국의 요크셔 지방에서 개량된 품종으로, 키는 작지만 짖는 소리는 무척 커요. 품에 쏙 들어오는 귀여운 친구로 인기를 끌기 전까지는 쥐를 잡는 터프한 개였어요. 요크셔 테리어는 부드럽고 가는 털을 갖고 있어서 도그 쇼용으로 털을 길게 기르기도 해요.

**잭 러셀 테리어** 에너지 넘치고 똑똑하며 잘 짖어요. 공식 명칭은 '파슨 러셀 테리어'에요. 이 독립심 강한 개는 바쁘게 움직이고, 새로운 훈련을 받는 걸 좋아한답니다. 보통은 흰색 바탕에 갈색이나 검은색 반점이 있고, 털은 부드러울 수도 거칠 수도 있어요. 공중 1.5미터까지 뛰어오를 수 있는 이 개는 어질리티 등의 도그 스포츠를 좋아해요.

# DiY

## 개 장난감

개들은 노는 걸 좋아해서 장난감을 마련해 줘야 해요. 아주 많이 필요는 없지만 골라서 놀 수 있게 몇 가지 정도는 있어야겠죠. 여러분의 강아지를 위해 직접 장난감을 만들어 봐요.

### 뽀시락 빠시락 소리 장난감

어떤 개들은 빠시락 거리는 소리가 나거나 아그작 소리가 나는 장난감을 좋아해요. 긴 양말 또는 낡은 플리스나 도톰한 티셔츠 소매 안에 빈 페트병을 집어넣어요. 그런 다음 입구를 매듭지으면 완성!

안에 빈 페트병이 들어 있어요.

### 간식 퍼즐 장난감

1. 키친타월 심에 간식보다 조금 큰 크기로 구멍을 몇 개 내요.

2. 심 한쪽 끝을 접어 넣고 안에 간식을 넣어요.

3. 나머지 한쪽까지 접고 바닥에 내려놓아요. 여러분의 강아지가 장난감을 발로 건드려 간식 꺼내 먹는 법을 알아내기까지 시간이 얼마나 걸릴까요?

안에 작은 간식이 들어 있어요.

### 던져라, 터그 장난감

긴 양말 발가락 쪽에 단단하게 매듭을 지어요. 양말 안에 테니스공을 넣고 매듭이 있는 곳까지 밀어 넣어요. 공 바로 위쪽에 매듭을 하나 더 만들고, 양말 끝부분에도 손잡이용으로 매듭을 짓습니다. 자, 이제 신나는 터그 놀이를 시작해 볼까요? 물어~, 내려 놔!

(터그 놀이는 119쪽 참조)

# 2

## 개를 위한
## 행복한 집 만들기

개를 키우기 위해서는 먼저 개의 한계를 알고 개를 돌보는 게 무엇을 의미하는지 이해해야 해요. 개는 규칙적인 생활을 무척 좋아해요. 시계를 차고 있지는 않지만, 언제 아침과 저녁을 먹는지 언제 산책하러 나가는지 집에 혼자 남겨졌을 때는 어디서 쉴지 다 알고 싶어 하지요. 만약 여러분이 매일 다른 시간에 학교에 가야 한다면, 부모님이 종종 저녁밥 주는 걸 까먹어 굶게 된다면 어떨까요? 상상만 해도 정말 끔찍하겠죠!

잘 짜여진 하루 스케줄대로 생활하면 여러분에 대한 개의 믿음과 애정이 커질 뿐 아니라 개의 건강에도 좋아요. 가장 중요한 것은 여러분의 개는 행복하게, 잘 먹으며, 안전하게 지내기 위해, 바로 여러분에게 의지하고 있다는 거예요.

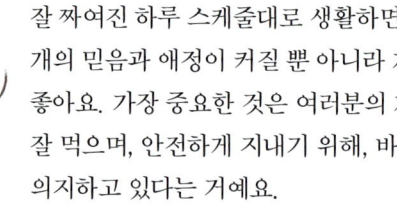

# 개와 함께 살려면, 체크 체크!

개와 함께 산다는 건 큰 책임이 따르는 일이에요. 여러분의 개는 매일 여러분한테 음식과 물, 운동, 관심 등을 얻어 내죠. 여러분이 힘들거나 귀찮다고 또는 아프다고 해서 개의 존재를 무시해서는 안 돼요. 개가 원하는 게 무엇인지, 행복하고 건강하게 해 주려면 무엇이 필요한지, 늘 신경 써야 합니다.

개를 새롭게 들이게 되었다면, 개가 오기 전부터 가족과 매일 해야 할 일 목록을 정해야 해요. 이미 개를 키우고 있는데 아직 개를 책임지고 돌보는 이가 아무도 없다면, 지금이라도 늦지 않았으니 준비해 보세요. 누구나 볼 수 있는 곳에 일주일치, 한 달치 체크 리스트를 붙여 놓고 표시를 하세요. 매일 끝낸 일에 표시해 두면 실수로 까먹는 일이 없어질 거예요. 다음 페이지의 체크 리스트를 보면서 개를 돌보는 데 필요한 게 무엇인지 살펴보세요.

| 체크 리스트 | | | | | | | |
|---|---|---|---|---|---|---|---|
| 할일 | 월 | 화 | 수 | 목 | 금 | 토 | 일 |
| 🏠 | | | | | | | |
| 🍖 | | | | | | | |
| 🥣 | | | | | | | |
| 💩 | | | | | | | |
| 🐾 | | | | | | | |
| 🐕 | | | | | | | |
| 🐩 | | | | | | | |
| 🖌️ | | | | | | | |
| 🫧 | | | | | | | |

**화장실** : 자고 일어나면 밖에 있는 화장실로 개를 안내해요. 아침에 가장 먼저 해야 할 일이랍니다.

**식사 시간** : 아침에 먹을 양을 잘 재서 담고, 그릇을 내려놓기 전에 개에게 얌전히 앉도록 합니다.

**물그릇** : 남은 물은 버리고 그릇을 씻은 다음 새로 물을 채우세요.

**똥 치우기** : 똥은 매일매일 치워요.

**산책** : 하루에 두 번 15~30분 산책하는 걸 목표로 해요. 그래야 개가 새로운 걸 보고 듣고 이웃의 냄새도 맡으며 자기만의 시간을 보낼 수 있어요.

**훈련 시간** : 이미 알고 있는 '앉아', '기다려' 등을 계속 연습하거나 '굴러'를 가르치는 시간을 10~15분 정도 가지세요.

**노는 시간** : 장난감을 꺼내 마당에서 뛰어놀거나, 여러분이 TV를 보거나 책을 읽는 동안 옆에 붙어 있게 하세요.

**털 손질** : 개에 따라 매일, 일주일에 두세 번 또는 한 번 털을 빗겨 줘야 할 수 있어요.

**목욕 시간** : 대부분의 개는 규칙적으로 목욕을 시킬 필요가 없지만, 유난히 더럽거나 냄새나는 것에 뒹굴었을 경우 반려견용 샴푸로 목욕을 시켜 주세요.

## '개똥 치우기 전문가' 되는 법

대부분의 개는 하루에 2~3회 변을 보기 때문에 치우는 걸 미루면 자칫 똥더미가 생길 수 있어요. 똥을 방치하면 고약한 냄새가 나기 시작하면서 파리도 꼬여요. 또 산책 길에 똥을 그냥 놔두고 오면 사람들의 눈살을 찌푸리게 할 거예요. 개를 키우고 싶으면 귀찮고 더러운 일도 책임질 수 있어야겠죠? 먼저 실내에서 배변을 하는 개의 경우, 배변 패드 위나 집 안 화장실에 똥을 누었다면 바로 변기에 버리세요. 그리고 개가 똥을 쌌던 곳은 냄새가 나지 않도록 깨끗이 닦아요. 마당 같은 곳에 배변을 하는 경우도 처리하는 방법은 같습니다. 만약 변기에 버리지 않으려면 똥을 비닐봉지에 잘 묶어 일반 쓰레기와 같이 종량제 봉투에 담아 버리세요. 산책하러 나갈 때는 언제나 비닐봉지와 전용 가방 등을 챙겨야 해요. 손에 비닐봉지를 낀 채 똥을 집은 뒤, 비닐봉지를 뒤집어서 벗기면 비닐봉지 안에 똥만 쏙 남겠죠. 중간에 공원 화장실이 있다면 비닐을 빼고 똥만 변기에 버리거나 집에 가져와 같은 방법으로 변기에 버립니다. 개똥 치우기 전문가 되는 법, 그리 어렵지 않죠?

# 서로에게 안전한 환경 만들기

개는 고양이만큼 호기심이 많아요. 강력한 코와 예리한 눈, 심지어 입까지 이용해 주변을 탐색하죠. 눈 깜빡할 사이에 신발을 물어뜯거나 쓰레기통을 뒤지거나 열린 문으로 튀어 나갈 수 있어요. 부모님과 함께 실외뿐만 아니라 실내도 잘 살펴보면서 개에게 해를 끼칠 만한 게 없는지 늘 확인해야 해요.

### 부엌

- 쓰레기는 뚜껑 달린 쓰레기통에 넣어 두세요.
- 싱크대에 먹을 걸 아무렇게나 놓아두지 않아요.
- 불을 써서 조리할 때는 근처에 개가 오지 못하게 해요.
- 개가 갑자기 먹을 걸 낚아채 가지 않도록 조심해요.(개가 먹어서는 안 되는 음식 목록은 47쪽을 확인하세요.)
- 필요하다면 부엌에 문을 달아도 좋아요.

### 침실

- 신발과 옷은 자기 자리에 넣어 두세요. 강아지나 새로 입양된 개들은 자기가 좋아하는 사람의 물건을 물어뜯는 걸 정말 좋아하거든요!
- 장신구, 머리핀, 고무줄, 카드, 작은 장난감 등 개의 흥미를 끌 만하고 삼키기 쉬운 자잘한 물건들은 모두 치우세요.
- 스마트폰 등 전자 제품은 전선을 잘 숨겨 두거나 개가 건드리지 못할 곳에서 충전하세요.

음… 내가 다 설명하겠다멍!

## 거실

* 전선은 안 보이게 숨겨요.
* 가족이 많이 지나다니지 않는 아늑한 장소에 개의 침실을 마련해 줘요.
* TV 리모컨이나 슬리퍼처럼 씹을 수 있는 물건은 치우세요.

## 욕실

* 변기 뚜껑은 꼭 닫아 두세요. 변기는 물그릇이 아니랍니다.
* 청소용품과 세제는 개가 건드릴 수 없는 곳에 보관하세요.

### 코나의 한마디

### 신발 같은 걸 왜 물어뜯냐고?

우리 개들이 신발 같은 물건을 물어뜯는 이유는 간단해. 우린 지루하거나 에너지를 분출하지 못해 답답하거나 혼자 있어 긴장될 때 좋아하는 사람의 물건을 씹으면 진정이 되거든.
네가 화를 낸다는 것도 알지만, 주변에 물건이 보이면 도저히 참을 수가 없어. 그러니 더러운 빨래는 빨래통에 넣고, 장난감은 치우는 게 좋겠지? 부모님도 그걸 좋아하시지 않을까?
대신 네가 집에 돌아올 때까지 시간을 때울 수 있게 튼튼하고 안전한 장난감이나 뼈다귀 주는 걸 잊지 마.

## 주의해야 할 식물

화분에 다음과 같은 식물을 키운다면 개가 먹지 않도록 주의해 주세요.

* 알로에
* 아마릴리스
* 사고야자(소철)
* 고무나무
* 돈나무
* 디펜바키아(덤 케인)
* 아스파라거스
* 행운목(드라세나)
* 담쟁이덩굴
* 필로덴드론, 포토스

## 마당, 즐겁고 안전한 장소

집에 마당이 딸려 있다면 여러분은 개와 함께 그곳에서 많은 시간을 보내게 될 거예요. 마당은 개랑 재미있는 놀이도 맘껏 하고 여러 가지를 즐길 수 있는 매력적인 공간이지만 뜻밖의 사고가 일어날 수 있으니 늘 안전하게 관리해야겠죠!

**튼튼한 울타리는 필수** 가장 중요한 건 튼튼한 울타리를 세워 개가 목줄 없이도 뛰어놀 수 있는 공간을 만들어 주는 거예요. 아무리 말 잘 듣는 개라도 갑자기 감쪽같이 사라질 수 있거든요. 개가 마당에 있을 땐 대문이 잠겨 있는지도 잘 확인하세요.

**마당을 종종 점검해요.** 개가 울타리 아래를 파헤치지 못하도록 또 마당에 있는 가구나 물건을 발판 삼아 울타리 너머로 뛰어나가지 못하도록 늘 신경 써야 해요. 비료나 퇴비 등은 모두 개가 접근하지 못하는 곳에 두어요.

가끔은 그냥 막 땅을 파고 싶다고!

## 이런 식물은 먹지 않게 조심!

만약 마당에 정원을 꾸미고 있다면, 그곳의 식물들이 반려동물에게 안전한지 확인해야 해요. 종종 흔한 식물들이 개를 아프게 만들 수도 있으니까요.

크로커스, 수선화, 튤립
– 특히 알뿌리 부분을 더 조심해야 함.

진달래와 철쭉

벨라도나

협죽도

주목나무

미나리아재비

디기탈리스

호랑가시나무

## 멍멍이 침대 (1)
### 폐타이어가 멋진 개 침대로 변신~!

가게에서 파는 개 침대는 비싸기도 하고 개성이 없죠.
재활용 재료를 이용해 하나밖에 없는 개성 만점 멍멍이 침대를 만들어 보아요.

폐타이어
무독성 페인트
두툼한 베개나 큰 담요
베갯잇이나 커다란 천

**1** 세제와 솔로 타이어를 깨끗이 닦아 낸 다음, 바짝 말려요.

**2** 좋아하는 색깔로 페인트칠을 해요.(칠을 두 번 해야 할 수도 있어요.)

**3** 개 이름을 적어 넣거나 원하는 대로 장식해요.

**4** 베개나 담요를 베갯잇이나 쿠션 커버에 넣어요. 그런 다음 타이어 가운데 빈 곳에 끼워 넣으면 편안한 개 침대 완성!

## 멍멍이 침대 (2)
### 낡은 여행용 가방이 럭셔리한 침대로!

오래된 여행용 가방이 완벽한 멍멍이 침대로 변신해요.
집에서 잠시 쉴 때도 좋고 자동차 여행을 갈 때도 쓰기 좋아요.

개가 안에서 방향을 바꿀 수 있을 정도로 충분히 크고 단단한 여행용 가방
장식할 물건(천, 펠트, 고무밴드, 풀이나 스테이플러, 바느질 물품)
가방 크기에 맞는 포근한 베개나 쿠션
(필요한 경우)베갯잇이나 넓은 천

**1** 가방 뚜껑 안쪽을 장식해요. 오른쪽 사진처럼 장난감을 담을 수 있는 간단한 주머니를 달아도 좋아요.

**2** 아래쪽에 베개를 끼워 넣고 천을 덮어 잘 매만져요.

**3** 뚜껑이 닫히지 않도록 가방 뒤쪽에 나무토막이나 천으로 된 끈을 강력 접착제로 붙여 주세요.

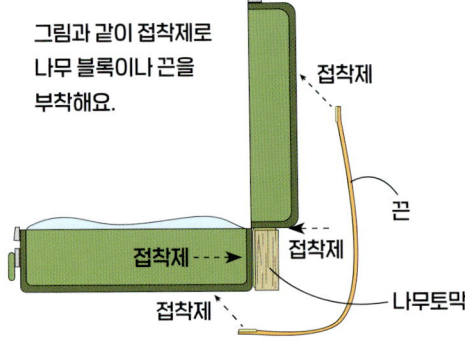

그림과 같이 접착제로 나무 블록이나 끈을 부착해요.

# 철장, 가장 편안한 공간으로!

**보는 사람이 없으면 개는 나쁜 장난을 칠 수 있어요.** 여러분이 좋아하는 티셔츠를 물어뜯거나 쓰레기통을 뒤지는 거죠. 개도 혼자 있고 싶을 때는 느긋하게 쉴 수 있는 안전한 공간이 필요해요. '네 자리로' 훈련(74쪽 참조)을 할 때도 개가 갈 수 있는 곳이 필요하죠. 사람들은 왠지 개를 가두는 것 같아 싫어하지만, 대부분의 개는 아늑하게 보호받는 공간을 좋아합니다.

**개가 일어나서 방향을 틀 수 있을 정도로 커야 해요.** 바닥에는 폭신한 패드나 담요를 깔아 주세요. 철장이 기분 좋은 곳이라는 걸 느낄 수 있도록 간식이나 물어뜯는 장난감을 안에 넣어 주세요. 개가 들어가면 조용히 문을 닫고 칭찬해 주고, 몇 초 후 다시 문을 열고 개를 나오게 하세요. 안에 들어가 있는 시간을 점점 늘려 가다 보면, 개도 그곳이 자신만의 멋진 별장임을 곧 깨닫게 될 거예요.

**개를 철장 안에 두는 걸 훈련할 때는** 안에서 밥을 먹이고 밥을 다 먹자마자 문을 열어 주세요. 이렇게 하면 좋은 점이 두 가지 있어요. 우선 여러분이 식사 중인 개를 편하게 지켜볼 수 있고, 집에서 키우는 다른 반려동물에게서 음식을 지킬 수도 있죠. 긍정적인 경험, 즉 먹는 것과 철장을 연관시키다 보면 개에게 그곳이 곧 반가운 공간으로 느껴질 거예요.

**절대 벌 주는 용도로 이용하진 마세요.** 철장은 그 크기에 따라 자동차 여행을 할 때 이용할 수도 있어요. 또 개를 호텔 방에 두고 가족끼리 외출할 때 안에서 쉴 수 있게 하는 용도로도 좋아요.

**코나의 한마디**

## 나만의 공간이라고!

너도 형이나 언니, 동생이 자꾸 참견하면 정말 싫지? 그러니 제발 부탁인데, 내 철장이나 침대에 기어들어 오지 좀 말아 줘! 넌 재미로 하는 건지 모르겠지만, 우리도 너처럼 나만의 공간이 필요해. 철장이나 침대는 나만의 공간과 같은 거니까, 여기에서만큼은 정말 편안하게 자고 싶다고. 알았지? 꼭 기억해 줘~.

# 쌤 질문 있어요!

저는 우리 집 개, 돌리에게 간식을 듬뿍 주는 게 정말 좋아요. 그런데 어느 정도까지 줘도 되는 걸까요?
돌리가 배가 아픈 건 싫거든요.

－라이언, 5세(댈러스)

좋은 질문이에요. 왜냐하면 돌리도 여러분처럼 너무 많이 먹으면 배가 아플 수 있고 살도 찔 수 있거든요. 앞으로는 이렇게 간식을 줘 보세요. 우선 돌리가 하루에 먹는 건식 사료의 양을 잰 뒤, 밥그릇에 그 반만 담아 주세요. 그리고 나머지는 특별 간식처럼 라이언이 직접 조금씩 나눠 주는 거예요.

개를 위해 특별 간식을 만들어 주고 싶다면 19, 78, 112, 113, 114쪽의 레시피를 읽고 만들어 보세요.

그리고 조심해야 할 음식들도 있어요. 설탕이 많이 들어간 음식, 카페인, 기름기 많은 고기, 양파, 포도, 건포도, 다크 초콜릿, 아보카도, 마카다미아 너트는 피해 주세요.

라이언이 돌리에게 줄 수 있는 가장 특별한 선물은 바로 돌리와 함께 시간을 보내고 많은 사랑을 표현하는 거랍니다.

－수의사 리즈 베일스(레드 라이온 동물 병원, 뉴캐슬)

# 개를 위한 훈련 교실

아이와 개는 공통점이 참 많아요. 둘 다 노는 걸 좋아하고, 친구나 가족들과 함께 있으면 행복해하죠. 그리고 개도 아이들처럼 교육이 필요해요. 차이가 있다면, 서로 다른 종류의 학교에 간다는 것뿐이죠. 그리고 개 입장에서 선생님은 바로 여러분이랍니다! 여러분이 어떻게 하느냐에 따라 훈련의 성공이 결정되니까요. 훈련은 어린 강아지 때부터 하는 것이 제일 좋아요. 하지만 새로운 행동을 가르치는 건 사실 언제든지 가능해요. 다 큰 개도 나쁜 버릇이 있다면 충분히 바꿀 수 있어요.

여러분의 개는 기본적인 명령 '안 돼', '여기 봐', '떨어져', '앉아', '기다려', '이리 와', '따라와', '네 자리로' 등을 익힐 필요가 있어요. 여러분이 도와준다면 개는 스펀지처럼 이 모든 지식을 빨아들일 거예요. 그러면 여러분은 친구들 앞에서 자랑스럽게 우리 개의 능력을 뽐낼 수도 있겠죠!

## '개 버릇'이 좋으면

**개를 안전하게 지킬 수 있어요.** 생각해 보세요. 얌전하게 앉아 있는 개에게 어떤 문제가 생길 수 있겠어요? 얌전히 앉아 있는 개는 문으로 걸어오는 사람에게 풀쩍풀쩍 뛰어오르지도 않을 테고, 개를 무서워할지도 모르는 아이에게 반갑다고 들이대지도 않을 거예요.

**개를 돌보기가 훨씬 쉬워져요.** 식사 시간에도 오케이 신호(54쪽 참조)로 개를 얌전하게 만들 수 있으니까요. 또 목줄을 갖고 왔을 때 개가 바닥에 얌전히 앉아 주면, 신나서 미친 듯이 집 안을 뛰어다니는 것보다 산책 준비가 훨씬 쉽겠죠? 진흙 길을 걷고 집에 돌아왔을 때도 수건으로 발을 닦아 주는 동안 개가 얌전히 있거나(심지어 바닥에 등을 대고 누워 주면-86쪽 '굴러' 가르치기 참조) 개에게 정말 고마울 거예요.

**불렀을 때 오도록 해요.** 그래야 찻길에 뛰어들어 다치는 일이 없고, 줄에 묶인 개에게 달려들어 싸움 날 일이 없어요. 게다가 목줄을 안 해도 되는 장소에서 오랫동안 산책을 할 때 서로가 더 즐거울 거예요.

**외출이 즐거워져요.** 친구 집, 개 공원, 반려동물의 출입이 가능한 가게나 음식점에 편하게 갈 수 있죠. 개가 식탁에 붙어 먹을 걸 달라고 하는 건 귀여워 보일 수는 있지만 나쁜 버릇이에요. 식사하는 동안 자기 자리에서 얌전히 기다릴 줄 아는 개는 뭐라도 하나 얻어먹으려고 식탁에 코를 들이밀지 않아요.

**여러분도 뿌듯해질 거예요.** 여러분의 개가 좋은 매너를 갖추게 된다면, 누구든 "개 버릇 좀 잘 가르쳐!"라고 말하는 대신 "정말 착하네!"라고 할 거예요.

코나와 크레이지

코나는 부르면 와요.

크레이지는 찻길로 뛰어들죠.

# 훈련의 기본

훈련할 때는 다음 세 가지를 꼭 기억해야 해요. 훈련은 간결하게, 일관되게, 확실하게! 예측 가능성은 개에게 아주 중요해요. 그들은 끊임없이 우리의 자세와 말투를 읽으며 우리가 전달하려는 것을 해석해 내려고 최선을 다하거든요. 이런저런 신호가 섞여 버리면 개는 혼란스러워진답니다.

치퍼, 제발 앉아!
좀 앉아 주겠니?
앉으라고 했잖아!

뭐라고?
웅얼웅얼,
어쩌구 저쩌구.

**1. 간결하게** 개는 우리가 하는 말을 많이 알아듣지만 그렇다고 우리 말을 할 수는 없죠. 한 가지 행동을 지시할 때는 신호와 함께 짧은 말로 표현해야 해요. "치퍼, 제발 앉아! 좀 앉아 줄래? 아니, 좀 앉으라고! 앉아, 앉아, 앉아! 앉으라고 했잖아!" 이렇게 말하면 치퍼의 귀에는 "웅얼웅얼, 어쩌구 저쩌구…."로 들린답니다.

**2. 일관되게** 훈련에는 수많은 반복이 필요해요. 매번 같은 동작과 같은 신호를 보내면 개도 여러분이 원하는 걸 좀 더 빨리 이해하게 될 거예요. 예를 들어, '앉아'를 가르칠 때 개의 얼굴 앞에 간식을 들고 있다가 머리 위로 천천히 간식을 들어 올려 보세요. 엉덩이를 바닥에 대고 앉을 때까지 기다려야 해요.

말한 대로 행동하면 "잘했어."라고 칭찬하면서 간식을 줍니다. 매번 엉덩이를 바닥에 댈 때마다 똑같이 해 보세요. 그런데 개가 고개를 들어 간식을 보자마자 "잘했어!"라는 칭찬을 너무 빨리 해 버리면 개는 '앉아'의 의미를 "이 간식을 봐."라고 생각할 수 있어요. 개가 곧바로 앉지 않는다면 마음속으로 열까지 세면서 개가 명령을 처리할 시간을 주세요.(60쪽 참조)

3. **확실하게** 여러분이 명령한 것을 개가 바로 하지 않는다고 해서 신호를 계속해서 반복하면 안 돼요. 개가 달아날 때 여러분이 "이리 와, 이리 와, 이리 오라고!"라고 소리를 지르면, 개는 '이리 와'를 "내가 널 쫓아갈 거야. 정말 재미있는 게임이지!"라고 이해할 거예요. 훈련할 때는 각각의 행동을 작은 부분으로 나누어서 해야 개가 여러분이 원하는 걸 이해할 수 있어요.

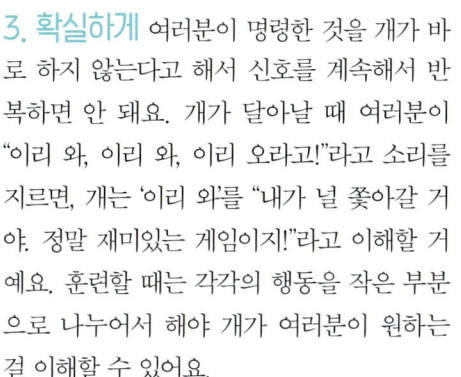

**코나의 한마디**

## 나 5개 국어 하는 개야~

그거 알아? 우리 개들은 여러 가지 언어를 알아들을 수 있다는 거! 멍멍! 안녕! 헬로우…. 개의 언어는 물론이고, 사람 언어도 제법 알고 있다고. 사실 난 무려 다섯 가지나 알아. 영어, 스페인어, 수신호 그리고 어린 고양이 언어까지.
아덴은 '앉아'랑 '이리 와'를 가르쳐 준 다음에 스페인어로 '센타도'(앉아), '베니'(와)도 가르쳐 줬어. 그리고 거기에 수신호까지 같이 묶어서 훈련했지. 그래서 너무 시끄럽고 복잡한 곳이나 아주 조용한 곳에서 아덴은 말 한마디 하지 않고도 나와 의사소통을 할 수 있어. 고양이의 경우엔 더 간단해. 그 애들이 가르랑거리면 다가가고, 하악거리면 물러나면 돼! 어때, 멋지지?

앉아!

# 잘했어, 우리 강아지

여러분의 개를 1등 학생으로 만들기 위한 비법이 궁금한가요? 그건 바로 잘못했을 때 벌을 주는 것보다 잘했을 때 보상을 주는 거예요. 개들에겐 우리에게 인정받는 게 아주 중요해요. 또 훈련이 재미있고, 훈련을 시키는 여러분이 친근하고 끈기 있어야 의욕을 가지게 돼요.

동물 행동주의 심리학자들은 개들이 긍정적인 감정이 계속 쌓일 때 가장 교육 효과가 좋다는 걸 알아냈어요. 즉 실수했을 때 윽박지르지 말고, 칭찬과 간식을 주면서 행동을 가르쳐야 한다는 거죠. 개들은 옳은 일을 했을 때 보상이 생긴다는 걸 빨리 배워요. 그러면 어떻게 해야 보상을 받을 수 있을지 알고 싶어 하고 그렇게 행동하게 되죠.

**코나의 한마디**

## 칭찬과 간식이 날 움직여

여러 가지로 우린 아이들이랑 비슷해. 너도 선생님이 "잘했어.", "할 수 있어." "차근차근 해보자."라고 말하면 최선을 다하게 되지 않아? 우리도 마찬가지야. 훈련 시간은 짧고 칭찬으로 가득해야 해. 그래야 우리가 좀 더 네 말에 귀를 기울이며 재미있게 배울 수 있다고. 잘못을 혼내기보다 잘한 것을 칭찬받을 때 우리 개들은 신나서 새로운 신호나 재주를 배우려 할 거야. 잊지 마~, 칭찬은 개도 춤추게 한다는 거!

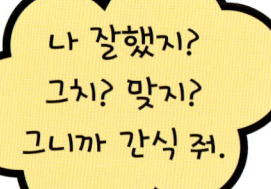

나 잘했지? 그치? 맞지? 그니까 간식 줘.

# 멍멍 학교, 시~작!

**둘 다 집중할 수 있도록** 집 안 조용한 곳 또는 마당에서 훈련을 시작하세요. 그리고 차츰 집중을 방해하는 것들이 더 많은 곳을 찾아 훈련합니다. 개가 주위 상황에 상관하지 않고 똑같이 행동하는 법을 배우는 거예요.

**하루에 적어도 한 번은** 훈련 시간을 가지는 게 좋아요. 하지만 시간을 쪼개서 짧게 여러 번 하면 더 재미있고 효과적이에요.

**보상으로 줄 간식을 준비하세요.** 간식은 한 입 크기의 건강한 것이면 좋아요. 식사 시간 전, 배가 살짝 고플 때 훈련하면 더 동기부여가 잘 될 거예요.

**시키는 걸 잘 해내면** "잘했어!"라고 큰 소리로 격려해 주세요. 또는 "잘 앉았어!"처럼 훈련 신호와 '잘'을 함께 사용해도 좋아요. 늘 행복하고 긍정적인 목소리를 사용해야 여러분이 만족하고 있다는 걸 개도 느낄 거예요.

**기분 좋게 마무리하세요.** 가르치는 걸 잘 해내지 못했다고 그 상태로 수업을 끝내지 마세요. 꼭 무언가를 성공적으로 해낸 후 끝내는 게 좋아요. 즉 개가 잘 아는 동작을 다시 시켜서 잘했다고 칭찬해 주고 마무리를 하는 거죠. 개들은 실망스러운 기분을 여러분보다 더 싫어하거든요.

# '오케이' 가르치기

훈련이 끝났을 때, 또는 장난을 치거나 놀아도 된다고 허락할 때,
다른 곳으로 가서 쉬어도 된다고 승낙할 때는 이걸 나타내는 신호가 있어야 해요.
선생님이나 코치가 엄지손가락을 들어 올리거나 고개를 끄덕하는 것과 비슷한 거죠.
개에게 오케이 표시(말과 손동작 모두)는 훈련에서 매우 중요합니다.

오케이 신호는 지금까지 고분고분하게 '앉아', '기다려', '엎드려' 등을 잘 해낸 개에게 이제 가도 좋다는 신호를 보내는 거예요. 바닥에 떨어져 있는 간식을 먹거나 장난감을 갖고 놀거나, 무엇이든 해도 좋다는 표시입니다. 이때 청각과 OK 신호를 모두 이해하는 것이 중요해요.

**1** **가장 편한 동작은** 손바닥이 위로 향한 채 가슴 높이까지 들어 올리는 거예요.

**2** **그리고 엄지손가락이 위로 올라가도록** 손을 옆으로 젖혀요. 오케이라는 말과 함께 이 동작을 꾸준히 사용하면 개는 곧 동작과 말을 연결해서 이해할 거예요.

**코나의 한마디**

*오케이라면 난 늘 오케이~*

아덴은 날 입양하자마자 오케이 신호를 가르쳤어. 나야 워낙 똑똑하니까 금방 배워서 반려동물 행동 수업 교실에 갔지. 보통 아덴이 교실 앞으로 걸어가는 동안 난 교실 뒤에 얌전히 앉아 있어. 그리고 아덴을 계속 쳐다보지. 이덴이 "오케이"라고 하거나 손을 들어 올려 신호를 보내면 그제야 교실 앞으로 뛰어가. 그러면 교실에 있던 아이들이 엄청 좋아해!

## Quiz ❷

**1** 개가 다른 개의 꽁무니 냄새를 킁킁 맡을 때, 그 개에 대한 어떤 정보를 알아내는 걸까요?

A 개의 기분
B 아침으로 뭘 먹었나
C 건강상의 문제
D 위의 보기 모두
E 답 없음

**2** 개는 암흑에서도 앞을 볼 수 있다.

A 사실      B 거짓

**3** 개는 혀에 맛봉오리가 몇 개 있을까요?

A 17      B 170      C 1,700

**4** 개의 몸에 있는 암컷 벼룩은 하루에 알을 몇 개 낳을 수 있을까요?

A 15      B 25      C 50      D 65

**5** 개는 종종 발에 땀이 난다.

A 사실      B 거짓

정답은 138~139쪽에서 확인하세요.

## '안 돼' 가르치기

'안 돼'는 개가 꼭 배워야 할 단어예요. 개가 하던 일을 당장 멈추게 하는 가장 간단한 신호니까요. 이 말은 길에서 먹어선 안 되는 걸 주워 먹으려고 할 때처럼, 원하지 않는 개의 행동에 제동을 거는 명령이에요. 우선 간식을 두 종류 준비해요. 하나는 건식 사료처럼 그럭저럭 좋아하는 것, 또 하나는 핫도그 조각처럼 개가 진짜 진짜 좋아할 만한 것으로.

**1** 손바닥 위에 간식을 올려놓고 개의 입에서 15cm 정도 떨어진 곳에 갖다 댑니다.

**2** 개가 간식을 먹으려고 다가오면, 주먹을 쥐고 단호하게 "안 돼"라고 말합니다.

소리치지 말아요. 개가 손에 입이나 발을 갖다 대면 주먹을 꼭 쥔 채 잠시 기다려요.

인내심을 가지세요. 대부분의 개는 약 10초 만에 포기할 거예요.

**3** 손바닥을 펼쳐 간식을 다시 보여 준 뒤, 개가 간식 쪽으로 다가오면 얼른 주먹을 쥐어요.

이걸 여러 차례 반복합니다. 지금 무슨 일이 일어나고 있는지, 어떻게 반응해야 할지 스스로 알아낼 수 있도록 시간을 주세요. 아주 빨리 배우는 개도 있어요.

**4** 손에 쥔 간식으로 다가오는 걸 멈추면, "오케이"라고 말하면서 더 좋은 간식 몇 개로 보상해 줍니다.

# '여기 봐' 가르치기

개에게 뭔가를 가르치기 전에 개의 주의를 끌 수 있어야 해요. '여기 봐'는 흔히 잘 가르치지 않는 신호일 수 있지만, 개가 이 신호를 알면 훈련에 큰 도움이 됩니다. 새로운 훈련을 시작하기 위해 개의 관심을 끌어야 할 때 '여기 봐'로 시작하는 거죠. 이 신호는 개가 집 안이나 밖에서 다른 것에 관심을 뺏기지 않고 여러분에게 집중할 수 있도록 도와줄 거예요.

**1** 개의 관심을 끌기 위해 손에 간식을 쥡니다.

앞에 손을 갖다 대고 흔들어야 할 수도 있지만, 아마 대부분의 개들은 이미 기대감에 침을 흘리며 여러분을 바라볼 거예요.

**2** 개와 시선을 맞춘 채, 간식을 천천히 여러분 눈 쪽으로 가져가면서 "여기 봐"라고 말합니다.

**3** 개가 여러분에게 시선을 맞추면 얼른 "잘했어"라고 말하며 간식을 건네 줍니다.

이걸 몇 차례 연속으로 잘 해내면, 간식을 주기 전에 몇 초 더 기다리게 해 보세요.

지금 음식이라고 했나?… 여기 보라는 뜻인가?

 **코나의 한마디**

### 간식은 이렇게 줘

'여기 봐'는 참 재밌어! 아덴이 "코나, 여기 봐."라고 할 때마다 난 얼른 아덴한테 시선을 고정해. 맛있는 간식을 먹을 수 있으니까. 내가 특별히 '간식 주기'에 대한 몇 가지 요령을 알려 줄게. 잘 사용해 봐.

✳ 간식을 주기 전 만약 우리가 시선을 돌려 버리면, 간식을 다시 보여 주면서 처음부터 반복해 줘.

✳ 간식을 줄 때는 우리가 똑바로 널 쳐다보고 있는지, 네가 원하는 걸 우리가 잘 이해하고 있는지 확인해야 해.

✳ 너무 과하게 시키지는 마. 두세 번씩만 연습하고 다음 걸로 넘어가 줘.

# '앉아' 가르치기

개는 얌전히 앉아 있을 때 문제를 일으키지 않아요. 잠시 대기 중인 상태이기 때문이죠. '앉아'는 개에게 가르쳐야 할 가장 중요한 신호 중 하나입니다. 억지로 엉덩이를 누르지 마세요. 그러면 개는 여러분이 장난을 치는 거라고 생각할 수도 있고, 아니면 불안해하면서 도망치려 할 수도 있어요. ('앉아'를 가르쳐야 하는 이유는 65쪽을 보세요.)

**1** 개가 여러분을 마주 보게 하세요.

**2** 개의 코앞에 간식을 갖다 대세요.

**3** **간식을 천천히 개의 머리 위로 들어 올리며 "앉아"라고 말하세요.** 개가 간식을 따라 고개를 들면 엉덩이는 자연스럽게 바닥으로 내려갈 거예요.

**4** **바닥에 앉았다면, 곧바로 "잘했어"** 라고 말함으로써 그 행동을 칭찬하고, 간식을 주세요.

신호에 맞춰 즉시 자리에 앉는 걸 성공하면, 이제 간식을 주기 전에 몇 초 기다리는 걸 연습합니다.

# '엎드려' 가르치기

여러분의 개가 '앉아'를 즐겁게 잘 따른다면 이제 엄청 중요한 '엎드려' 신호를 가르칠 준비가 된 거예요. '엎드려'를 잘하는 개들은 반려동물 친화적인 장소에서 환영을 받을 수 있어요. 종종 딱딱한 바닥에 배를 대는 걸 싫어하는 개들이 있어요. 그럴 때는 카펫이 깔려 있는 방에서 혹은 큰 수건이나 담요를 바닥에 깔고 훈련해 보세요.

**1 개가 여러분을 마주 보고 앉게 해요.**
개 얼굴에 간식을 가까이 갖다 대요. "엎드려"라고 말하면서 간식을 천천히 바닥 쪽으로 내립니다. 코로 간식을 쫓아가다 보면 바닥에 엎드리게 될 거예요.

바닥으로 간식을 내린 후 L자 모양으로 이동시킵니다.

**2 개가 스스로 털썩 엎드리면 곧바로 "잘했어"라고 말해 준 뒤,** 엎드린 상태에서 간식을 줍니다. 개가 일어서면 다시 앉으라고 한 뒤 반복합니다.

안 돼! 다시 해 보자.

**3** **개가 곧바로 엎드리지 않는다면, 간식 든 손을 바닥에 둔 채 기다려 주세요.** 개가 그걸 먹기 위해서는 엎드려야 한다는 걸 깨닫도록 시간을 주는 거예요.

엎드리면 바로 칭찬해 주고 당연히 간식도 줍니다! '앉아'부터 '엎드려'까지 자연스럽게 하게 될 때까지 이 단계를 짧게 여러 차례 반복해 주세요.

거의 다 왔어!

**4** **이제 간식 보상을 받기 전까지 시간과 공간을 늘려 줍니다.** 개가 엎드리면 몇 초 기다렸다가 간식을 주는 거예요.

또 한두 발자국 뒤로 물러나면서 간식을 바닥 쪽으로 내린 다음, "엎드려"라고 말해 보세요.

잘했어!

# '떨어져' 가르치기

강아지나 조그만 개가 반갑다고 뛰어오르면 귀여울 수도 있어요. 하지만 개가 크거나 진흙투성이라면 생각보다 즐겁지 않을 거예요. 개가 여러분의 집에 오는 손님들에게 달려들지 않고 얌전하게 맞아 주면 무척 기쁘겠죠? '떨어져'는 개에게 소리를 지르는 대신, 앉거나 다른 행동을 할 수 있게 유도해 주는 신호입니다. 이 훈련에서는 (2미터 이상의) 긴 줄과 도와줄 사람이 필요해요.

**1** 개의 목걸이나 하네스에 줄을 연결합니다.
손에 줄을 들고 개 뒤에 섭니다.

다가와 주는 사람에게 허리를 숙이거나 쓰다듬으려 하지 말고 앞으로 걸어오게 하세요. 여러 사람과 연습하면 더 좋아요.

**2** 개가 사람을 향해 뛰어오르려고 하자마자, "떨어져"라고 말하면서 곧바로 줄을 아래로 당겨 개를 여러분 쪽으로 끌어오세요. 개가 앞으로 달려 나가거나 뛰어올랐을 때 멈추게 하는 게 목표예요.

## '앉아'를 가르쳐야 하는 이유

'앉아'. 이 말은 여러분의 개를 안전하고 예의 바른 친구로 만드는 핵심 단어입니다. 어쨌든 가만히 앉아 있을 땐 나쁜 장난을 칠 수 없으니까요. 명령에 따라 얌전히 기다리도록 개를 가르치면 다음과 같은 장점이 있어요.

* 손님이 왔을 때 뛰어오르지 않고 얌전하게 맞을 수 있어요.
* 밥그릇을 내려놓을 때까지 기다릴 줄 아는 식사 예절을 뽐낼 수 있어요.
* 차 문이 열려도 얌전히 기다릴 수 있어서 차에서 내리기 전에 목줄을 할 수 있어요.
* 산책하러 가기 위해 목줄을 가져올 때 신나서 집 안을 헤집고 뛰어다니는 대신 얌전히 앉아 기다릴 수 있어요.
* 밖에 데리고 나갔을 때 '예의 바른 개'라고 칭찬을 들을 수 있어요!

**3** 개의 네 발이 바닥에 닿자마자 "앉아"라고 말하고, 앉으면 간식으로 보상해 줍니다.

훈련을 통해 개는 뛰어오르면 방문객에게 관심을 받지도 못하고 간식도 얻어먹지 못한다는 걸 배우게 될 거예요. 얌전히 잘 앉아서 손님을 맞으면 쓰다듬으면서 간식으로 보상해 주세요.

# '기다려' 가르치기

이 신호의 목적은 개가 다음 단계로 나가는 걸 막는 거예요.
여러분이 무언가를 하는 동안 개가 참을성 있게 기다리길 원한다면 이걸 꼭 가르쳐야 하죠.
'기다려'는 가르치기 꽤 힘드니까 여러분도 끈기가 있어야 해요. 처음엔 개를 줄에
묶어서 시작하고 몇 초 동안만 자세를 유지하게 하다가, 점점 시간을 늘려 갑니다.
개가 줄에 묶인 채로 잘 해낸다면, 그다음엔 줄을 잡지 않은 채로
또 줄 없이도 계속 연습해 보세요.

**1** 개에 줄을 묶고, 여러분 옆에 오게 한 뒤 "앉아"라고 말하세요.

**2** 개 앞에 간식 한두 개를 던져 주고 "기다려"라고 말해요.

**코나의 한마디**

## 멈출 줄도 알아야 해

내가 '기다려'가 무슨 의미인지 깨우치자, 아덴은 바로 수신호까지 같이 알려 주었어. 마치 경찰관이 사람들에게 멈추라고 할 때처럼, 아덴은 손을 들어 손바닥을 내 쪽으로 향하며 "기다려"라고 말했지. 나야 뭐 똑똑하니까 이런 건 식은 죽 먹기 아니겠어.

**3** 개가 간식에 다가가더라도 아무 말 하지 마세요. 그냥 앞으로 가지 못하게 조용히 줄만 잡고 있으세요. 개가 줄을 끌어당기는 걸 멈추고 다시 제자리로 돌아올 때까지 기다립니다.

**4** 2~3초간 원래 기다리던 자세를 유지했다면 "잘했어"라고 말하면서 간식을 먹을 수 있게 줄을 느슨하게 해 주세요.

(다음 장에서 계속)

**5** 바로 앞에 놓여 있는 간식으로 '기다려'를 잘 해낸다면, 줄을 잡은 채 "기다려"라고 말하면서 개에게서 60cm정도 떨어진 곳에 간식을 던지세요.

**6** 개가 간식을 먹겠다고 다가가는 걸 멈추면 "잘했어"라고 말한 뒤, 보상을 얻을 수 있게 줄을 느슨하게 풀어 주면서 "오케이"라고 말합니다. 앉은 자세로 '기다려'를 배웠으면 엎드린 자세에서도 '기다려'를 가르쳐 주세요.

# 쌤 질문 있어요!

### 개는 왜 헥헥거려요?
–세이디, 7세(시카고)

땀 흘리는 개를 본 적 있나요? 절대 없을걸요. 개는 사람처럼 땀을 흘리지 않아요. 발바닥에서 약간의 땀이 날 수도 있지만, 더운 날엔 그 정도로는 체온을 내리기 힘들어요. 개는 헥헥거리며 몸속의 뜨거운 열기를 밖으로 내뿜어서 몸을 식혀요.

믿거나 말거나 헥헥거리는 건 개들의 의사소통 방법이기도 해요. 날씨가 시원할 때도 개들은 다른 개에게 헥헥거리면서 자기가 긴장하고 있다는 걸 알려 주거든요. 너무 신이 났거나 정말 행복할 때도 그럴 수 있어요.

헥헥거리는 게 너무 심하면 건강이 좋지 않아서 그런 걸 수도 있어요. 하지만 대부분의 개는 몸을 시원하게 식히기 위해 그러는 거랍니다.

–수의사 리사 리프먼(가정 방문 수의사, 뉴욕)

# '이리 와' 가르치기

개가 목줄 없이 노는 걸 좋아한다면 불렀을 때 오도록 하는 게 엄청나게 중요해요. 여러분의 명령을 무시하고 사방팔방으로 뛰어다니는 개는 문제를 일으키거나 다치기 쉬우니까요.

이 신호는 단계적으로 훈련하는 게 중요해요. 처음엔 조용하고 제한된 공간에서 시작하고 점점 집중을 방해하는 것이 많은 넓은 공간으로 옮겨 가세요. 개의 목걸이에 안전하게 묶을 수 있는 3.5~6미터 정도 되는 긴 목줄이나 빨랫줄을 준비하세요. 개가 부르면 돌아온다는 확신이 생길 때까지는 제한된 공간에서 목줄 없이도 연습해 봅니다.

**코나의 한마디**

## 연습, 또 연습이 정답

'이리 와'는 훈련이 좀 힘들 수 있어. 특히 재미있는 광경이나 냄새에 금방 흥미를 갖는 개들은 더욱 그래. 뭐, 우리 개들이 거의 다 그렇긴 하지만…. 힘든 훈련에는 연습, 또 연습이 최고야. 그리고 다음의 비법을 기억해~.

✳ 말을 잘 듣게 하려면 우리를 부르고, 보상을 주고, 더 재밌는 걸 할 수 있게 해 줘.

✳ 불렀을 때 우리가 달려갈 만한 가치가 있게 해 줘야 해. 칭찬이라도 잔뜩 해 주든가.

✳ 혹시 다른 데로 달려가거나 무시하더라도, 돌아오면 칭찬해 줘. 왔을 때 소리를 지르면 다른 일 때문이 아니라 돌아온 것 때문에 문제가 생긴 거라고 생각할 거야.

**1** 개에게 "앉아"라고 말한 뒤 마주 본 상태로 "기다려"를 하세요. 줄을 손에 든 채로 천천히 개에게서 1.5미터 정도 물러나세요.

**2** 밝은 목소리로 개의 이름을 부르며 "이리 와"라고 말합니다.
허리를 굽혀 응원하는 건 좋지만 명령어를 반복하지는 마세요.

**3** 개가 오면 "잘했어"라고 말하면서 간식을 줍니다.
'이리 와'가 여러분에게 곧장 가는 걸 의미한다는 사실을 이해할 때까지 짧은 시간 동안 연습합니다.

**4** '기다려' 자세에서 달려오는 걸 잘 해내면, 좀 더 멀리 떨어져서 부르는 걸 연습하세요.

다음 단계는 줄에 묶인 상태로 멀리 떨어지게 한 뒤, 개를 부르는 거예요. 불러도 개가 반응이 없으면, 이름을 부르며 줄을 가볍게 잡아당겨도 돼요. (언제라도 필요하면 줄을 잡을 수 있게) 줄을 바닥에 놓고 연습하다가, 난이도를 차츰 높여서 아예 줄 없이도 부르기만 하면 올 수 있게 연습합니다.

# '따라와' 가르치기

여러분은 개가 목줄을 잡아당기며 다른 곳으로 가거나 움직이지 않겠다고 고집부리는 걸 원치 않을 거예요. 개를 산책시키는 건 여러분이에요! 그 반대가 아니라. 줄을 느슨하게 잡고 개와 나란히 걸을 수 있다면 산책이 훨씬 즐거워지겠죠?

처음엔 집중에 방해되는 게 거의 없는 익숙한 장소에서 훈련을 시작하세요. 여러분 집 뒤뜰이나 집 근처 인도가 좋겠죠. 개가 집 근처에서 착하게 잘 걷는다면, 조용한 시간대를 선택해 다른 길로도 나가 보세요. 이 훈련의 최종 목적은 산만한 상황에서도 '따라와'를 잘하는 거예요.

**1** 줄을 느슨하게 잡은 채 개를 걷게 하세요. 개가 줄을 잡아당기면 곧바로 걷기를 멈추고 개가 돌아보도록 그 자리에서 기다립니다. "잘했어"라고 말하면서 조그만 간식을 주세요.

여러분의 목표는 개가 다람쥐 같은 것에 주의를 빼앗기기보다 여러분에게 관심을 두는 게 더 중요하다는 걸 일깨워 주는 거예요.

**2** 다음 단계는 다시 출발하면서 "따라와"라는 말을 덧붙이는 거예요. 개와 나란히 붙어서 걸으면서 개의 코앞에 간식을 갖다 댑니다.

## 딸깍, 클리커 훈련

클리커는 손에 들고 누르면 소리가 나는 장치예요. 이 클리커 훈련으로 기본적인 신호와 재주를 재미있게 가르칠 수 있어요. 훈련의 첫 단계는 클리커 소리가 나면 맛있는 간식이 따라온다는 걸 개에게 가르치는 거예요. 대부분의 개는 빨리 깨우쳐요.

다음 단계는 개가 앞발을 흔들거나, 매트 위에 가만히 앉아 있는 등 여러분이 개에게서 원하는 행동을 잘 해낼 때마다 클리커를 누르는 거예요. 클리커 소리로 '어떤 행동을 표시하고', 뭔가 착한 행동을 하면 보상이 따른다는 걸 깨닫게 합니다.

클리커 훈련의 장점은 어떤 행동을 구체적으로 지적하고 특정한 재주를 훈련시킬 때 사용하기 좋다는 거예요. 여러분 역시 개가 하는 행동에 관심을 갖고 즉각 보상해 주는 습관을 들일 때 사용하면 좋아요. 클리커가 없다고요? 문제없어요. 입천장에 혀를 튕겨 딱 소리를 내거나 볼펜으로 딸깍 소리를 내도 되니까.

클리커 훈련의 핵심은 '타이밍'이에요. 개가 원하는 행동을 해내면 곧바로 간식을 줘야 합니다. 하지만 너무 걱정하진 마세요. 반려견 복종 훈련 교실에서 보면, 종종 어린이들이 어른보다 클리커 훈련을 더 빨리 이해하더라고요!

**3** 개가 다만 몇 걸음이라도 앞서가지 않고 여러분과 나란히 걷는다면 "잘했어"라고 말하면서 간식을 주세요.

간식 사이의 걸음 수를 천천히 늘려 가세요.

개가 줄을 잡아당기면 곧바로 멈춰서, 나란히 걷지 않으면 어디에도 가지 않는다는 걸 알아채게 하세요.

# '네 자리로' 가르치기

이 신호는 개에게 침대나 담요로 돌아갈 시간이 되었음을 알리거나 쉴 때가 되었다고 알려 주는 거예요. 이곳저곳을 다니며 수업을 함께하는 코나는 '네 자리로'가 들리면 잠시 하던 일을 멈추고 쉴 수 있다는 걸 알고 있어요. 이 행동에는 '엎드려'와 '기다려'가 포함돼 있으니 미리 그 두 가지를 익힌 후에 시작해야 합니다.

**1** 개 침대 옆이나 좋아하는 담요를 접어 놓은 곳 옆에서 훈련을 시작합니다.

침대에서 1미터쯤 떨어진 곳에 개와 나란히 서세요. 침대에 간식을 던지세요. 침대를 가리키며 개가 그쪽으로 가도록 부추기면서 "네 자리로"라고 말합니다.

**2** 개가 간식을 먹도록 하고, "엎드려"라고 말하면서 자리에 엎드리게 합니다. 몇 초 후 긍정적인 감정을 심어 주기 위해 간식을 또 주면서 "잘했어"라고 말합니다.

**3** 침대 위에 던져진 간식과 여러분이 침대를 가리키는 동작을 연결할 수 있을 때까지 계속 연습합니다. 그 후에는 간식 던지기를 멈추고 손짓만 해 보세요. 그래도 개가 침대로 가서 엎드린다면 보상을 해 줍니다.

이 동작을 꾸준히 잘 해낸다면, 바닥에 엎드릴 때마다 "기다려"라고 말해 보세요. 보상을 주기 전까지는 침대에서 기다리는 시간을 점차 늘려 갑니다.

**4** 이제 침대가 아닌 다른 곳을 가리키는 것으로 이 신호를 확장시킬 준비가 되었어요.

여러분이 "네 자리로"라고 말하면서 손으로 가리키면 거기로 가서 누워야 한다는 걸 깨달을 때까지 앞의 단계를 계속 반복해서 연습합니다.

# 기본적인 훈련이 안 된다면

여러분의 개가 혹시 앞서 배웠던 훈련들('오케이'부터 '네 자리로'까지)을 잘 습득하지 못하나요? 또는 짖거나 무는 것이 통제되지 않거나 어떤 문제 행동을 보이나요? 이유는 여러 가지가 있어요. 특히 성견이 되어서 함께 살게 된 경우는 어린 시절에 형성된 특정 경험 때문에 훈련에 많은 시간이 걸릴 수 있어요. 어린 강아지를 데려온 경우도 중요한 시기에 적절한 훈련을 놓쳤다면 훈련에 어려움을 겪을 수 있죠. 집에서 기본적인 훈련을 꾸준히 했지만 잘 안 될 경우, '개 훈련 교실'에 등록해 보세요. 어디로 할지는 수의사나 개 훈련에 대해 잘 알고 있는 사람에게 추천을 받아 꼼꼼히 알아보는 것이 좋아요.

### 어디에 맡기더라도 책임은 보호자예요.
개 훈련 교실에 참여한다고 해서 보호자의 책임이 없어지는 것은 아니에요. 실제 대부분의 반려견 훈련 교실은 보호자 교육을 함께 운영하고 있어요. 보호자의 올바르지 못한 반응과 행동이 반려견의 문제 행동을 강화하는 경우가 많기 때문이죠. 개가 전문가의 훈련을 받고 익혔다 해도 그것들을 살면서 적용하고 생활화시키지 못하면 훈련은 무의미해질 거예요.

### 훈련 교실 등록하기
운영하는 기관마다 조금씩 다르긴 하지만, 개 훈련 교실은 크게 기초 교육과 심화 교육으로 나뉘어요.

기초 교육에는 '복종 훈련'이라고 할 수 있는 '안 돼, 앉아, 엎드려, 기다려, 이리 와, 가져

와, 하우스(들어가)' 등과 같은 기본 훈련과 산책 보행(나란히 걷기)이 있어요. 심화 훈련으로는 분리 불안이나 비사회화된 행동, 공격성 등으로 문제 행동을 교정해야 하는 경우로 보다 전문적인 훈련이 진행돼요. 기간은 개의 상황에 따라 다르고, 대개 1~2개월에서 3~4개월 정도예요.

**리더를 명확히 알게 하세요.** 개 훈련에서 '복종'은 기본 중의 기본이에요. 개들은 서열이 분명한 무리 속에서 안정감을 느끼거든요. 그리고 그 서열에서 리더는 '개'가 아니라 바로 '여러분'이에요. 개를 너무 오냐오냐 키우면 개가 스스로 리더라고 생각하게 되고, 이후에 진행될 기본적인 훈련조차 받아들이지 못하게 됩니다.

특히 식사 순서나 문을 드나드는 순서를 여러분이 먼저 한 후에 개가 기다렸다 하는 것은 복종을 길러 주는 좋은 습관이에요. 산책할 때 개가 앞장서거나 개에게 끌려다니는 것은 주도권을 넘겨주는 거예요. 장난감을 가지고 놀 때도 개에게 장난감을 빼앗기면 개는 이겼다며 우쭐할 수 있어요. 놀이의 시작과 끝을 늘 여러분이 주도해야 하고, 충분히 논 다음에는 장난감을 개의 손이 닿지 않는 곳에 보관해야 합니다.

명심하세요. 리더는 바로 여러분이고, 생활에서 주도권은 언제나 리더에게 있다는 것!

## 혹시 우리 개가 천재?

여러분의 개는 다리가 넷인 아인슈타인인가요? 아니면 평균 수준의 학생인가요? 물론 여러분은 IQ에 상관없이 개를 사랑하겠지만, 개의 지능을 테스트해 볼 수 있는 재미있는 방법이 있어요.

**준비물**: 12구 머핀 팬, 간식 한 줌, 테니스공 12개

**1.** 개를 머핀 팬 앞에 앉혀요.

**2.** 개가 보는 앞에서 6~7개의 머핀 구멍에 간식을 넣어요.

**3.** 구멍에 테니스공을 얹어 간식을 가려요.

**4.** 개에게 "오케이"라고 말하고 간식을 찾게 해요. 코로 테니스공을 치우고 안에 들어 있는 간식을 다 먹어 치울 때까지 시간이 얼마나 걸렸나요?

## 우적우적, 멍멍 케이크

이 당근 케이크는 여러분에게는 인기가 별로겠지만, 개들이라면 위에 크림이 있든 없든 맛있게 먹어 치울 거예요.

**머핀 12개 만드는 분량**

물 ½컵
큰 당근 1개 잘게 잘라 준비
달걀 1개
바닐라 익스트렉 ½티스푼
꿀 1테이블스푼
잘 익은 바나나 1개 으깨서 준비
통밀가루 2컵
베이킹파우더 ½티스푼
너트메그 가루 ½티스푼
시나몬 가루 ½티스푼

1. 오븐을 180℃로 예열하세요. 12구 머핀 팬에 기름을 발라 주세요.

2. 큰 그릇에 물, 당근, 달걀, 바닐라 익스트렉, 꿀을 넣고 섞어요. 바나나도 넣어 주세요.

3. 또 다른 그릇에 밀가루, 베이킹파우더, 너트메그 가루, 시나몬 가루를 넣고 잘 섞어 줍니다.

4. 2에 3을 붓고 잘 섞으세요.

5. 머핀 팬 구멍에 4분의 3 정도 높이까지 내용물을 채우세요. 50~60분 또는 이쑤시개를 컵케이크 가운데에 찔러 넣었을 때 아무것도 묻어 나오지 않으면 다 익은 거예요.

6. 팬에서 꺼낸 뒤 잘 식힙니다. 더 특별한 간식을 만들어 주고 싶다면 113쪽 왈왈 브라우니 크림을 위에 얹어 주세요.

몸무게가 14킬로그램 이하인 개는 반 개, 그 이상이면 1개를 줍니다.

## 뛰어난 재주꾼, 내 멍멍이

여러분의 개가 기본적인 복종 신호를 다 터득했다면, 다른 새롭고 멋진 재주를 더 가르쳐 보세요. 개는 아는 것이 많아질수록, 점점 더 많은 걸 배우고 싶어 할 거예요.

여러분이 가르칠 수 있는 재주는 아주 많아요. 매일 한 번에 재주 한 가지씩, 몇 분씩만 투자해서 가르치면 여러분의 개는 셀 수 없이 많은 재주를 터득할 수 있을 거예요.

 **코나의 한마디**

### 잘 용서하고 잘 잊는 데 명수

우리 개들의 삶에 대해 좀 더 알고 싶니? 사실 우린 과거를 생각하느라 시간을 허비하지 않고, 미래에 대해 걱정하지도 않아. 오직 지금이 중요해. 그리고 우리 개들은 뭐든 잘 용서하고 잊어버려. 그건 너희들이 지금 이 순간을 즐길 수 있도록 최선을 다해 돕는 거야! 특히 우리와 함께 놀 땐 더더욱~!

> 내 사랑~, 널 만나서 난 무지 기쁘다멍.

# '악수' 가르치기

이번에는 개가 친구들에게 인사하는 재주를 가르쳐 볼 거예요.
우선 간단한 악수부터 시작해서 사람들이 보면 깜짝 놀라는 '안녕'까지.
일단 악수부터 확실하게 배워 봐요.

**1** **개와 마주 보고 앉아요.** 무릎을 꿇고 앉아서 왼손으로 개의 오른쪽 앞발을 들어 올리세요. 개의 발을 들면서 "악수"라고 말하고 간식을 주세요. 이걸 두세 번 반복합니다.

**2** **왼손에 간식을 쥡니다.** 개를 건드리지 말고, 왼손을 개의 오른 앞발 쪽으로 천천히 가져가요. 그 상태로 멈춰서 개가 앞발을 땅에서 뗄 때까지 기다려요.(개가 간식 냄새만 맡고 있다면, 여러분이 원하는 게 발을 드는 거라는 걸 깨달을 때까지 참을성 있게 기다립니다.)

**3** **개가 발을 들면 얼른 오른손으로 발을 건드리면서 "잘했어" 라고 말하고 간식을 줍니다.** 필요하다면 1단계로 다시 돌아가세요. 개가 여러분을 건드리기 위해 바닥에서 발을 들어 올릴 때마다 매번 간식을 주면서 칭찬하세요.

# '안녕' 가르치기

발 드는 걸 꾸준히 잘 해낸다면 이번엔 귀여운 발동작을
더 가르쳐 봐도 좋아요.

**1** 개의 앞발을 건드리는 대신 "안녕"이라고 말하면서 간식을 양옆으로 천천히 움직여요. 개가 간식을 건드리려고 발을 내밀 거예요.

**2** 개가 앞발을 조금이라도 움직였다면 "잘했어"라고 말하면서 간식을 줍니다. 계속해서 칭찬과 간식 주기를 반복하면, 여러분이 원하는 게 발을 앞뒤로 흔드는 거라는 걸 개가 깨닫게 될 거예요.

**3** 잠시 후, 발을 여러 번 흔들면 보상을 줍니다. 그렇다고 단번에 두세 번 이상 흔드는 걸 기대하진 마세요.

## '다리 사이 통과하기' 가르치기

여러분의 개가 여러분 곁에 늘 그림자처럼 붙어 있기를 좋아한다면,
'다리 사이 통과하기' 기술을 배우는 게 훨씬 쉬워져요.
여러분의 목표는 개가 여러분의 다리를 통과하며 8자 모양으로 걷는 거랍니다.
다른 모든 훈련과 마찬가지로 이것도 한 번에 한 단계씩 차근차근 시작하세요.

**1** 개에게 "앉아"를 시키고 가까이 마주 보세요. 다리를 넓게 벌리고 똑바로 섭니다.

**2** 왼손에 간식을 쥐고 왼다리 뒤쪽으로 손을 숨겨요. 가랑이 사이로 간식이 보이게 합니다.

개가 간식을 따라 다리 사이를 통과하도록 부추기며 "통과"라고 말하세요.

**3** 개가 다리 사이로 머리를 내밀면 "잘했어"라고 말하면서 보상을 줍니다. 처음에는 간식을 따라 그냥 다리 사이를 통과하는 것만 해도 돼요. 훈련은 늘 재미있고 즐거워야 하니까요.

**4** 개가 여러분의 손을 따라 움직일 줄 알게 되면, 개가 오른쪽에 앉아서 여러분을 올려다볼 수 있게 자세를 잡으세요. 그리고 왼손에 간식을 들어요.

**5** 왼쪽 다리를 앞으로 크게 뻗으면서 왼손을 뻗은 다리 아래로 내밀어요. 개가 다리 사이로 고개를 들이밀 수 있게 유도하세요. 개가 처음에 여러분이 원하는 걸 이해하지 못한다면, 간식을 개에게 가까이 댔다가 천천히 멀어지게 하세요.

(다음 장에서 계속)

**6** 팔을 앞으로 옮겨 개가 따라올 수 있게 유인합니다. 개가 다리 사이를 완전히 통과하자마자 "잘했어"라고 말하면서 간식을 주세요.

**7** 오른손에 간식을 들고, 오른쪽 다리로도 같은 동작을 천천히 반복합니다. 내미는 다리와 간식을 든 손은 늘 같은 쪽이어야 해요. 또 한 걸음 내디딜 때마다 보상해 주세요. 여러분이 원하는 걸 개가 깨우쳤다면, 몇 걸음 걸을 때마다 한 번씩 간식을 줘도 돼요.

**8** 다리 사이 통과하기에 성공했다면, 이제 속도를 높이고 동작을 더 부드럽고 멋지게 다듬어 줍니다. 간식을 들고 팔을 움직이려니 마치 오케스트라 지휘자가 된 것 같지 않나요? 힘들게 노력할 만한 가치가 있어요. 이건 정말 멋진 재주니까요!

# 새 질문 있어요!

### 개들은 왜 그렇게 장난기가 많아요?
―레이건, 8세(시애틀)

개들은 즐겁게 노는 걸 정말 좋아해요. 이런 행동의 원인은 조상인 늑대, 특히 새끼 늑대에게로 거슬러 올라갈 수 있어요. 새끼 늑대가 정말 좋아하는 것 중 하나가 바로 '노는 거'예요. 놀면서 사냥하는 법을 배우거든요. 개들의 장난은 종종 늑대의 사냥과 닮은 점이 있어요. 예를 들어 장난감에 살금살금 다가가다 갑자기 뛰어올라 장난감을 덮치는 놀이처럼요. 또는 신나게 공을 쫓아 달리는 것도 움직이는 사냥감을 쫓는 것과 비슷하죠.

또 개들은 종에 따라 특별히 좋아하는 장난감이나 놀이가 다를 수 있어요. 보더콜리는 시각 놀이를 좋아하고 움직이는 장난감을 쫓아가는 데 아주 열심이죠. 하지만 비글은 놀 때도 강력한 후각을 이용해요. 숨겨 둔 물건을 찾는 놀이, 예를 들어 풀숲에 숨겨 놓은 여러분의 양말이나 테니스공에 훨씬 관심이 많답니다.

―수의사 마티 베커(가족 수의사, 보너스 페리)

# '굴러' 가르치기

여러분의 개가 바닥에 등을 대고 누워서 배 만져 주는 것에 편안함을 느낀다면 그리고 '엎드려' 신호를 늘 잘 지킨다면 명령에 따라 구르는 법을 배울 준비가 된 거예요.

**1 개가 여러분을 보고 엎드리게 하세요.** 여러분은 개 앞에 무릎을 꿇고 앉아서, 간식이 든 손을 주먹 쥐고 개의 머리 옆에 손을 갖다 댑니다.

**2 "굴러"라고 말하면서 간식 쥔 손을 천천히 개의 어깨 너머로 보냅니다.** 개가 코로 간식을 쫓아가다 보면 옆으로 구르게 될 거예요. 칭찬하면서 간식을 주세요.

**3** 한쪽으로 구르기를 계속 잘 해낸다면, 이제 간식 들고 있던 손을 몸의 반대 방향으로 움직여 봅니다.

개가 코로 간식을 쫓아가면 자연스레 구르게 될 거예요. 처음엔 몸을 완전히 뒤집기까지 도움이 필요할 수도 있어요.

**4** 개가 뒤집기에 성공하면, "잘했어"라고 말하면서 얼른 간식을 줍니다.

"굴러"라고 말했을 때 구르는 법을 터득했다면, 손을 뻗어 공중에서 원을 그리는 수신호와 언어 신호를 함께 사용하세요. 그러면 언젠가 손동작만으로도 '굴러'를 잘 시킬 수 있을 거예요.

# DIY
## 나만의 개성, 알록달록 목걸이

조립식 블록이나 보드게임 말 등을 목걸이에 붙여요.(글루건을 사용하면 좋아요.)

천으로 된 벨트, 오래된 넥타이, 긴 원통 모양 천의 끝을 잘라요. 천으로 목걸이를 감싸고 주름을 만들어요.

낡은 넥타이를 반으로 잘라요. 좁은 깃 끝을 벌려 넓은 깃 쪽을 밀어 넣고, 매듭을 지어서 넓은 쪽 끝을 늘어뜨릴 수 있게 해요.

단추, 비즈, 그 외 다양한 장식을 접착제로 붙이거나 꿰매서 붙여요.

낡은 벨트를 크기에 맞게 자른 다음, 털로 된 방울 장식(폼폼)이나 큰 나비넥타이를 붙여 줍니다.

Quiz ❸

**1** 왜 개들은 간식이나 장난감을 마당이나 소파 쿠션 밑에 숨기나요?

A '만일의 경우를 대비해' 남은 걸 챙겨 놓아야 할 것 같아서

B 땅에 묻어 둔 간식이 상하는 냄새를 좋아해서

C 자기 물건을 다른 개와 나누고 싶지 않아서

D 위의 보기 모두

**2** 개가 하품을 하는 이유로 옳지 않은 것은?

A 큰 음악 소리나 진공청소기 소리 때문에 스트레스를 받아서

B 마당에서 공 물어 오기 놀이를 하다가 피곤해져서

C 학교에서 돌아온 여러분을 보고 반가워서

D 똑같은 재주를 자꾸 하게 해서 지루해져서

**3** 다음 중 개가 먹어서는 안 되는 사람 음식은 무엇일까요?

A 포도
B 당근
C 얇게 썬 사과
D 익힌 닭고기

**4** 개들은 왜 똥이나 죽은 동물처럼 냄새나는 것 위에서 구를까요?

A 자신의 정체를 숨기기 위해
B 꽃향기 나는 반려견용 샴푸 냄새를 지우려고
C A와 B 둘 다
D 답 없음

정답은 139쪽에서 확인하세요.

# 개와 함께하는
# 즐거운 야외 생활

집에 있기를 좋아하는 개들도 물론 있어요. 하지만 대부분의 개는 여러분과 함께 있을 수 있다면 그곳이 어디든 '집'이라고 생각할 거예요. 소파에 같이 앉아 있든, 하이킹을 하든, 가족들과 차를 타고 모험을 떠나든 말이죠. 개에게 중요한 건 장소가 아니라 여러분과 함께하는 시간이에요.

여기서는 다른 개들과 만나기, 개 공원에서 안전하게 지내기, 멋진 자동차 여행 떠나기, 반려동물 친화적인 음식점이나 호텔에서 환영받기, 반려견 파티 등에 성공할 수 있도록 미리 점검하는 시간을 가져 볼게요.

# 개들의 인사법, 엉덩이 냄새 킁킁!

우리는 친구든 처음 보는 사람이든 누군가를 만나면 인사를 하죠. 악수를 할 수도 있고 하이 파이브를 할 수도 있어요. 개는 악수 대신 서로의 엉덩이를 킁킁거려요. 우리가 보기에는 무례하고 역겨울 수 있지만 개들의 세상에서는 그게 '예의'예요.

사회화가 잘 된 개들은 누군가를 처음 만나거나 친구를 맞을 때 서로 번갈아 가며 엉덩이 냄새를 맡고 서로에 대한 정보를 얻어요. 엉덩이 냄새로 많은 걸 알 수 있거든요. 수컷인지, 암컷인지, 나이는 얼마나 되는지, 마지막으로 무얼 먹었는지, 지금 기분은 어떤지(행복한지, 슬픈지, 겁먹었는지) 그리고 얼마나 건강한지까지요. 정말 놀랍지 않나요?

그러니 개가 새로운 친구를 사귈 때는 개들의 방식대로 하게 내버려 두세요. 하지만 간혹 어떤 개들은 줄에 묶인 채로 낯선 개를 만나면 긴장하면서 자기 자신과 주인을 방어해야 한다고 느낄 수도 있어요. 그러니 여러분의 개가 새 친구 사귀는 걸 좋아한다고 해도, 모르는 개에게 가까이 다가가기 전에는 먼저 다가가도 되는지 확인하는 게 좋아요.

**목줄을 하고 있을 때** 산책 중에 다른 목줄을 한 개가 이쪽으로 다가온다면 개들이 인사를 할 수 있게 기회를 주세요. 서로의 엉덩이를 킁킁거리며 이리저리 움직일 수 있도록 줄은 느슨하게 풀어 줍니다. 서로 인사를 나눈 개들을 명랑한 목소리로 칭찬하고, 가능하다면 두 마리의 개가 서로를 좀 더 파악할 수 있도록 잠시 나란히 걷게 해 주세요.

> 너 보니 완전 신난다. 같이 놀자!

**코나의 한마디**

## 만날 땐 간식을 이용하는 센스

나처럼 대부분의 개들은 간식을 좋아해. 그러니까 개 두 마리를 서로 소개시켜 줄 땐 착한 행동을 보상하기 위해 간식을 이용하는 게 도움이 돼. 하지만 모르는 개에게 간식을 줄 때는 꼭 먼저 물어보는 거 잊지 마. 음식 알레르기가 있을 수도 있고, 먹을 걸 보고 너무 달려들 수도 있으니까.

**부끄러워할 때** 다른 개가 다가왔을 때 여러분의 개가 망설이거나 초조한 모습을 보일 수도 있어요. 입술을 핥는다든지, 몸을 작게 웅크린다든지, 여러분 다리 뒤로 숨을 수도 있어요.

이 상황에서는 두 개를 자리에 앉히고 몇 발자국 떨어진 상태에서 서로의 냄새를 맡게 하세요. 동시에 여러분도 침착하고 밝은 모습을 유지하도록 노력하세요. 개는 여러분의 감정을 귀신같이 파악하니까요. 여러분이 긴장하거나 겁내는 모습을 보이지 않는다면, 부끄럼 많고 불안해 하던 개도 조금은 편안한 기분을 느낄 거예요.

**너무 흥분했을 때** 혹시 에너지와 기쁨이 끝도 없이 뿜어져 나오는 개를 키우고 있나요? 이런 개들은 목줄을 한 다른 개가 다가오면 가만히 있지 못하고 들썩이거나 신나서 마구 짖어 댈 수 있어요. 이럴 땐 개들끼리

가까워지기 전에 흥분을 좀 가라앉힐 필요가 있어요. 특히 상대편 개가 나이가 많아 이렇게 과장된 인사를 친절하게 받아 주지 못할 것 같으면 더 신경을 써야 해요.

이럴 때 시도해 볼 수 있는 방법은 부분적으로나마 몸을 이용해 개의 시야를 막는 것입니다. 개의 관심을 끌기 위해 간식 몇 개를 꺼내고 '앉아'라고 신호를 줍니다. 개가 여전히 흥분한 상태여도 걱정하지 마세요. 여러분의 개가 너무 힘이 넘쳐서 그런다고 상대편에게 웃으며 알려 주면 되니까요. 그리고 얼른 옆을 지나가세요.

## 개의 마음 읽기

모든 개가 다른 개를 좋아하지는 않아요. 친한 개들과는 잘 지내면서 낯선 개들에겐 다소 공격적인 모습을 보일 수 있어요. 또 사람에게는 무척이나 친근한 모습을 보이면서 다른 개들은 어떻게 대해야 할지 모를 수 있죠. 대부분의 개는 상대가 공격적으로 나올 때 어떻게 반응해야 할지 잘 알 거예요. 그래도 다른 개와 사람에게 다가갈 때는 일단 '안전'이 우선이라는 것 잊지 마세요.

서로 냄새를 맡을 수 있을 만큼 가까이 다가오기 전에, 먼저 개들이 상대를 향해 어떤 모습을 보이는지 관찰하세요. 아예 반대 방향으로 돌아가거나 길을 건너감으로써 만남 자체를 피해 버리는 것도 괜찮아요.

### 친근하고 외향적인 개의 모습

* 편안한 자세
* 행복한 얼굴로 입 벌리고 있기
* 다른 개와 직접적인 아이 콘택트 피하기
* 플레이 보우 자세(상체는 숙이고 엉덩이는 든 모습, 개들이 놀자고 보채는 신호) 하기
* 부드럽게 살랑살랑 꼬리 흔들기

### 불안하거나 공격적인 개의 모습

* 입술 핥기(긴장의 신호)
* 꼬리 숨기기(공포의 신호)
* 주인 뒤로 숨기
* 으르렁거리기
* 뻣뻣한 몸과 꽉 다문 입
* 다른 개를 똑바로 응시하기
* 다른 개에게 달려들기

헉! 나 건드리지 마.

# 좋은 개 공원, 꼼꼼 체크!

여러분은 어때요? 학교에서 수업보다는 쉬는 시간이 더 기다려지죠? 운동장에서 미끄럼틀을 타거나 그네를 탈 수도 있잖아요. 아마 개들도 자신들만의 운동장에서 즐겁게 뛰노는 걸 좋아할 거예요.

개들이 안전하게 놀 수 있는 일명 '개 공원'이 우리나라에도 점점 늘어나고 있어요. 여기선 개들이 목줄을 벗은 채 마음껏 탐색하고 달리고 다른 개들과 뛰어놀 수 있어요.

개 공원에 들어가기 전 몇 가지 주의사항을 연습시켜서, 여러분의 개가 최고의 친구가 될 수 있게 해 주세요. 그리고 개 공원마다 규칙이 적혀 있을 테니 그것부터 먼저 읽고 주의를 기울여 주세요.

### 좋은 개 공원이라는 신호

* 행복하게 멍멍 짖는 개들
* 서로서로 착하게 노는 개들
* 놀다 잠시 쉬는 개들을 위한 충분한 공간
* 개들이 노는 걸 지켜보거나 같이 노는 사람들
* 풀밭이나 잔디가 깔린 멋진 바닥

### 나쁜 개 공원이라는 신호

* 으르렁거리고 소리를 지르는 개들
* 겁에 질린 개를 공격적으로 쫓는 개들
* 공간에 비해 너무 많은 개
* 개에게 주의를 기울이지 않고 책을 읽거나 스마트폰을 하는 사람들
* 울타리 안에서 특히, 손에 먹을 걸 쥐고 놀고 있는 아기들

개 공원을 딱히 좋아하지 않는 개도 있어요. 그래도 상관없어요. 여러분이 할 일은 개 공원 정문에 다가갈수록 개가 어떤 몸짓 언어를 보여 주는지 확인하는 거예요. 개가 목줄을 잡아당기고, 낑낑거리고, 웅크릴 때는 억지로 데리고 들어가지 마세요. 안에 들어가는 거 별로라는 말을 하는 거니까요. 그럼 그냥 근처에서 목줄을 한 채 간단하게 산책하면 된답니다.

누구 나 좀 도와주개~.

### 코나의 한마디
### 부르면 곧장 달려갈개~

난 개 공원에서 새 친구 사귀는 걸 정말 좋아해. 아덴은 자기가 이름을 부르면 내가 곧장 달려온다는 걸 알기 때문에 나를 개 공원에 데려가는 거야. 그러니 개 공원에 가기 전 멍멍이가 이름을 부르면 곧장 달려오는지 연습을 한번 시켜 봐. 달려오다 말고 다른 데 정신이 팔려서 사라지면 안 되니까.

# 떠나자~, 신나는 자동차 여행

"~갈까?"라는 말만 들어도 대부분의 개는 엄청난 속도로 꼬리를 흔들고 폴짝폴짝 뛰며 기뻐할 거예요. 그러고는 신나게 차에 올라타겠죠. 차를 타고 가까운 가게에 가는 것도 상관없어요. 그냥 같이 가는 게 즐거운 거니까요.

가까운 데를 다녀오든 전국 일주를 하든 개들이 차에서 안전하게 지낼 수 있는 비결을 소개할게요.

**차에 타고 견딜 수 있게 단련시키세요.** 강아지나 새로 입양한 개는 10분이 넘지 않는 짧은 외출부터 시작합니다. 그리고 서서히 차에 타는 시간을 늘려 가는 거예요.

**개를 안심시켜 주세요.** 개를 철장이나 이동장에 넣고 여행하는 것도 좋아요.(철장에 대해서는 46쪽을 참조하세요.) 아니면 안전벨트에 연결할 수 있는 반려견용 안전 하네스를 입히세요.

개는 SUV나 승합차의 경우엔 운전석과 구분된 뒤쪽 공간에, 승용차는 뒷자리에 앉히세요. 차 안에 있을 때는 반드시 하네스에 달린 줄을 안전벨트와 연결하고, 차에서 내리기 전에는 분리해서 손에 쥡니다. '앉아'와 '기다려' 명령을 더 확실하게 기억하도록 할 좋은 기회입니다.

**적절한 신분 증명서를 준비하세요.** 멀든 가깝든 어딘가로 여행할 때는 목걸이에 보호자의 스마트폰 번호를 포함한 인식표를 붙여야 해요. 그리고 '보이지 않는' 인식표, 즉 마이크로칩을 주입하는 것에 대해 수의사와 상의해 보세요.

마이크로칩은 쌀알 크기 만한 작은 물체로 수의사가 개의 목 뒤쪽에 심는 거예요.(주사 맞는 느낌이 들고 금방 끝나요.) 마이크로칩에는 개의 이름, 보호자와 연락할 수 있는 정보가 들어 있어요.

혹시나 개를 놓쳐서 주인 잃은 상태로 발견 되더라도, 대부분의 동물 병원이나 보호소에는 마이크로칩을 읽을 수 있는 스캐너가 있기 때문에 개를 다시 만날 수 있는 확률이 무척 높아요.

**꼭 필요한 짐을 챙기세요.** 여행 기간이 짧든 길든 여분의 목줄, 넉넉한 배변 봉투, 여러분과 개를 위한 물, 간식 가방 등은 꼭 챙겨야 해요.

## 개와 함께하는 근사한 외식

요즘은 점점 더 많은 음식점이 개의 출입을 허용하고 있어요. 집 근처에 있는 음식점이든 여행 중에 가게 된 곳이든, 개가 식탁에서 예의를 갖춰야만 환영받을 수 있죠.

여러분의 개가 집 밖에서도 굉장히 말을 잘 듣는 경우에만 음식점에 데려가세요. 그리고 집에서 가르치지도 않은 걸 알아서 잘할 거라고 기대해서는 안 돼요. 음식점의 모든 고객들이 즐거운 경험을 할 수 있도록 몇 가지 비결을 알려 줄게요.

**개부터 먼저 운동시켜요.** 여러분이 식사를 즐기는 동안 개가 가능한 여유롭게 시간을 보내길 원하나요? 그렇다면 음식점에 가기 전 먼저 간단하게라도 산책을 시키세요. 어떤 방식으로든 에너지를 어느 정도 빼놓아야 개가 식탁 밑에서 잠깐 눈을 붙일 수도 있으니까요.

**현장을 잘 살펴요.** 음식점에서는 여러분의 개가 다른 사람을 보고 짖거나 다른 손님이

**코나의 한마디**

## 난 길을 잃어도 걱정 안 해

난 낯선 사람들이 "안녕, 코나!" 하면서 인사해도 별로 놀라지 않아. 아덴이 내 빨간 목줄에 샛노란 색으로 이름과 전화번호를 새겨 넣었거든. 그러니 누구라도 내 이름을 바로 알 수 있지. 만약 내가 길을 잃으면 내 목줄을 보고 아덴에게 바로 연락을 해 줄 수 있어. 이거 우리 개들한테 정말 좋은 아이디어 같지 않아?

나 다른 개의 냄새를 맡을 기회를 최소화하는 게 좋아요. 그러기 위해서는 구석에 있는 자리 또는 입구에서 멀리 떨어진 자리를 달라고 하세요. 햇빛 쨍한 날에는 그늘진 자리를 찾고 물그릇도 가져오세요.

**개에게서 긴장을 늦추지 마세요.** 여러분의 개가 옆에 앉은 다른 손님을 방해하는 걸 막으려면, 계속 목줄을 짧게 유지해야 해요. 얌전히 잘 앉아 있으면 주기적으로 보상도 해 주세요. 하지만 아무리 개가 잘 견디더라도, 식탁 밑에서 몇 시간을 기다려 줄 거라고 기대해서는 안 됩니다.

# 첨벙첨벙, 물놀이가 좋아!

수영장, 호수, 바다… 가리지 않고 물을 좋아하는 개들이 있어요. 여러분의 개가 개헤엄, 배나 카약 타기, 심지어 서핑을 좋아한다면 아주 재미있겠죠! 물놀이 시간이 즐겁고 안전할 수 있도록 다음의 물놀이 안전 정보도 알아 두세요.

**집에 수영장이 있다면** 안전하게 수영장 드나드는 법을 가르쳐 주세요. 물이 얕은 가장자리에서 물놀이를 시작하고, 수영장에 들어가거나 나올 때도 이 '안전한 구역'(넓적하고 얕은 계단)을 이용해야 한다는 걸 가르치세요.

**개를 위한 안전 요원이 되어 주세요.** 감독하는 이 없이 개를 수영장에 혼자 두면 절대 안 돼요. 그리고 여러분이 없을 때 혼자 수영장에 들어가지 못하도록 안전문을 달아 주세요.

**모든 개는 헤엄을 칠 줄 알아요.** 다만 개헤엄을 배우는 데 어려움을 겪는 개들도 있어요. 다리가 짧고 등이 긴 코기나 닥스훈트, 가슴이 잘 발달한 불도그, 주둥이가 짧은 퍼그 등이에요. 이런 개들이 수영을 배우고 싶

어 하면, 물에 잘 뜨도록 강아지용 구명조끼를 입혀 주세요.

**개헤엄을 깨우치는 동안** 개의 배를 손으로 받쳐 주고 자신감을 가질 때까지 꼭 옆에 붙어 있어 주세요.

**배, 카약, 카누 등을 같이 탈 때는** 아무리 헤엄을 잘 치는 개라도 사람처럼 꼭 구명조끼를 입히세요.

**태양으로부터 개를 보호해 주세요.** 물놀이를 하기 전 햇볕으로 인한 화상의 위험을 줄이기 위해 코 위쪽(촉촉한 부위 말고)과 털이 적은 배 부위에 자외선 차단제를 발라 줍니다. 자외선 차단제는 물에 지워지지 않는 워터 프루프에, 빨리 마르고, 번들거리지 않는 것이어야 해요.

**심하게 지치기 전에 물놀이를 끝내요.** 어떤 개들은 물이 매우 좋아서 또 막대기 물어 오기가 재미있어서 놀이를 스스로 끝내지 못할 수 있어요. 지친 개는 헤엄치는 동안 심하게 헥헥거려서 폐에 물이 들어갈 수도 있고, 물을 너무 많이 삼켜 토할 수도 있어요.

**깨끗한 물에서만 놀게 하세요.** 더럽고 탁하고 거품이 낀 물에는 감염을 일으키는 기생충이 살 수도 있어요. 안 좋은 냄새가 나거나 탁해진 물에는 들어가지 못하게 해요.

# 멍멍아, 하이킹은 이쪽이야!

여러분이 걸으며 자연을 느끼는 걸 좋아한다면, 멍멍이 친구도 함께하고 싶어 할 거예요. 우선 오랜 시간 하이킹을 할 수 있을 정도로 건강한지부터 확인하세요. 덩치가 작은 개들은 큰 개보다 더 발을 많이 움직여야 해서 쉽게 지칠 수 있거든요.

**미리 준비하세요.** 넉넉한 물, 접을 수 있는 그릇, 간식, 구급상자, 여분의 배변 봉투를 가져가세요. 개도 입장할 수 있는 하이킹 길을 선택하고 규칙에 따라야 해요.(대부분 목줄 하기를 요구하지만 그렇지 않은 곳도 가끔 있어요.)

**벼룩과 진드기를 미리 예방해요.** 하이킹 하는 동안 개가 벌레 때문에 고통받는 건 원치 않겠죠?

**적절한 장비를 챙기세요.** 하이킹을 떠나기 전에 신원 확인이 가능한 목걸이를 했는지, 빛을 반사하는 밝은색 하네스를 준비했는지 확인해요. 개의 크기에 상관없이 하이킹용으로는 목걸이보다 하네스가 더 안전해요. 하네스에 D링으로 줄을 연결하면 개를 통제하기 더 좋고요. 큰 플라스틱 손잡이가

달린 자동 목줄은 쉽게 끊어질 수 있기 때문에 피하는 게 좋아요.

**하이킹을 하려면 다음을 체크해 봐요.** 길을 나서기 전에 여러분의 개가 다음을 잘 해내는지 먼저 확인하세요.

**줄을 끌어당기지 않고 잘 걷는가.** 때로는 바위투성이 길을 갈 수도 있어요. 개가 갑자기 목줄을 끌어당기면 여러분이 넘어질 수 있어서 위험해요.

**이름을 부를 때마다 빨리 돌아오는가.** 먼저 울타리가 있는 공간에서 개를 부르면 돌아오게 하는 연습을 하세요. 그런 다음엔 긴 목줄을 하고 울타리가 없는 곳으로 갑니다. 그곳에서 이름을 부르면 곧바로 달려오는지 테스트해 보세요.

**코나의 한마디**

## 초간단 즉석 물그릇 만들기

개는 목이 마른데 물그릇을 안 챙겨왔다고? 그럴 땐 배변 봉투를 이용해 봐. 아니면 야구 모자나 동그랗게 오므린 손에 물을 부어 줘도 돼. 아~, 생각만 해도 벌써 시원하고 상쾌한 기분이야!

# 반려견 동반 숙소에 묵기

여러분의 개가 여행을 좋아하고 예의 바르다면 가족 여행에 개를 데려가는 것도 고려해 보세요. 반려견 동반 숙소에 묵으면 되거든요. 다만 '펫티켓'을 잘 지켜서 다른 사람들에게 피해를 끼치지 않는 게 중요해요. 펫티켓은 반려동물을 뜻하는 '펫'과 예절을 뜻하는 '에티켓'의 합성어로, 자신의 반려동물을 공공장소에 동반하거나 다른 사람의 반려동물과 마주쳤을 때 갖춰야 할 예절을 말해요. 펫티켓을 지키며 개와 함께 여행하는 비법을 배우고 나면 여러분의 여행이 훨씬 더 즐거워질 거예요.

**익숙한 음식을 챙겨 가세요.** 설사나 소화 불량에 걸릴 위험을 줄이려면 평소에 개가 먹는 음식과 개가 좋아하는 간식 등을 챙겨 가세요. 물을 마시는 것에 까다로운 개라면 집에서 큰 병이나 물통에 물도 담아 가고요. 물그릇과 밥그릇도 잊지 마세요. 만약 묵으려는 숙소가 반려견 동반으로 특화된 곳이라면 반려견을 위한 편의점이나 놀이 공간이 마련되어 있을 거예요. 떠나기 전 미리 알아보아 그곳에서 이용할 수 있는 것들이 무엇인지 체크해 보세요.

**강아지 물건도 가져가요.** 숙소에서도 집처럼 편안한 느낌을 느낄 수 있도록 자기 냄새가 밴 익숙한 물건, 예를 들면 침대나 철장, 좋아하는 장난감을 챙겨 갑니다.

**숙소 규칙을 따르세요.** 대부분의 반려견 동반 숙소는 한 가지 큰 규칙을 내세우고 있어요. 바로 숙소에 개만 혼자 남겨 두면 안 된다는 거예요. 소란스럽게 자꾸 짖거나, 지루하거나 불안해서 방을 망가뜨릴 수 있기 때문이에요.

## 반려동물 동반 여행에 챙겨야 할 것들

난 아덴과 고양이 동생 케이시랑 자동차 여행하는 걸 엄청 좋아해. 우린 종종 반려동물 동반 숙소에서 묵기 때문에 좋은 손님이 되는 방법을 잘 알고 있지. 아래의 사항들을 꼼꼼히 읽고 미리 챙겨야 할 것들 잊지 마.

✽ 침대에서 반려동물과 같이 자고 싶다면 침대 위에 깔 시트나 담요를 미리 챙겨 가기.

✽ 반려동물이 좋아하는 장난감 두어 개 챙겨 가기. (삑삑 소리가 나는 건 옆방 손님들을 짜증 나게 할 수 있으니까 안 됨.)

✽ 혹시 용변 실수를 하면 닦을 수 있게 휴지와 세정제 챙겨 가기.

✽ 간식과 음식은 밀폐 용기에 보관하고, 밥은 카펫이 깔린 바닥 말고 화장실에서 주기. 그리고 변기 뚜껑은 꼭 닫아 두기.

✽ 청소하는 직원이 갑자기 들어오지 않도록 문고리에 '방해하지 마시오'라는 표시하기.

# 신나는 도그 파티

대부분의 개는 다른 개들이나 사람들과 어울리는 걸 좋아해요. 도그 파티를 열어서 특별한 날을 기념해 주는 건 어떨까요? 다음과 같은 때에 초대장을 보낼 수 있어요.

* 개를 입양한 날
* 개의 생일
* 기본적인 훈련을 마친 날
* 지역 동물 보호소를 위한 기금 마련을 위해
* 아무 때나(굳이 이유가 없어도 됨!)

도그 파티는 개들이 즐거운 분위기 속에서 갈고닦은 매너를 보여 줄 수 있는 신나는 기회예요. 물론 쉽지만은 않을 거예요. 어떤 개들은 낯설거나 정신없는 상황에서 배운 걸 잊어버릴 수도 있거든요. 하지만 여러분이 잘 준비하고 노력한다면 손님들이 모두 즐거운 시간을 보낼 수 있어요. 파티의 목적은 바로 개가 신나게 뛰어노는 속에서도 여러분의 명령을 잘 따르고 매너 있는 모습을 보이게 하는 거예요.

성공적인 도그 파티를 원한다면 다음을 고려해 보세요.

**예산 정하기** 돈을 얼마나 갖고 있나요? 여러분의 개를 위해 기꺼이 쓸 수 있는 돈은 얼마만큼인가요?

**초대 손님 정하기** 개의 사회성, 여러분이 감당할 수 있는 인원, 파티 장소 등을 고려해 손님 수를 정해요. 집 안이나 마당에서 파티를 연다면 개 손님은 두세 마리가 적당하고, 실내 도그 카페에서 파티를 한다면 10~12마리까지 가능해요.

**날짜 정하기** 마당에서 여는 격식 없는 파티라면 며칠 후로 정해도 돼요. 하지만 장소를 빌려야 하는 곳이라면 미리 예약을 해야겠죠.

**초대장에 정보를 정확히 적기** 직접 카드를 써서 보내든, 문자, 전화, 이메일, SNS로 손님을 초대하든, 파티 날짜, 시작 시간과 끝나는 시간, 행사의 이유, 장소 등을 꼭 적는 게 좋아요.

파티는 대략 2시간 정도가 적당할 거예요. 참석 여부에 대해 꼭 알려 달라고 부탁하고, 개 손님에게 특별한 음식 알레르기는 없는지 미리 확인한 뒤 알맞은 간식이나 케이크를 고르도록 하세요.

## 파티에서

만약 뒷마당 같은 야외에서 파티를 연다면 음식 먹는 곳, 노는 곳, 화장실 등 장소를 구분해 줘야 합니다.

* 어떤 활동을 할지 계획을 짜 보세요.
* 개는 늘 목줄을 착용하고 있어야 해요. 그리고 강아지 케이크나 간식을 나눠 줄 때는 먹는 것 갖고 싸움이 나지 않도록 서로 분리해 줍니다.
* 참석한 사람들에게 답례품을 주고 싶다면, 파티가 끝날 때 나눠 주는 게 좋아요.

**코나의 한마디**

### 생각만 해도 신나는 파티~

우리 개들도 사람들처럼 절친들과 어울리는 걸 정말 좋아해. 우리 누나 부조는 나보다 덩치는 훨씬 크지만 함께 산책하러 나가면 시간 가는 줄 모르지. 사촌인 올리버랑 노는 것도 정말 정말 행복하고~. 에너지 넘치는 9킬로그램 슈누들인 올리버랑 마당에서 쫓고 쫓기며 노는 건 정말 흥미진진하거든.
우린 이렇게 신나게 놀다가 집 안에 들어가 후루룩 찹찹 물을 마시지. 그러곤 같은 침대에 드러누워 다시 뛰놀기 위한 충전을 해.
아덴과 내가 특별한 파티를 연다면 부조와 올리버는 보나 마나 손님 목록 1순위일걸.

# 완전 즐거워~, 놀이 시간!

도그 파티에서 창의적인 게임이 빠질 수 없겠죠. 다음에 소개하는 게임들은 실내에서나 실외에서나 재밌게 즐길 수 있어요.

### 스누피 가라사대

흔히 하는 '○○○ 가라사대' 게임의 멍멍이 버전이에요. 이 게임으로 파티 장소에서도 개의 예의범절을 갈고닦을 수 있어요. 이 게임은 개와 사람이 한 팀을 이루고, 팀 사이에 충분한 공간이 필요해요.

**규칙** : 각각의 팀은 여러분이 "스누피 가라사대"라고 말할 때만 명령을 따라야 합니다. 예를 들어 "스누피 가라사대, 개를 앉히세요."라고 말하면 사람들은 개에게 앉으라고 시켜요. 그런데 그냥 "개를 앉히세요."라고 했는데도 명령을 따르는 팀이 있으면 옆으로 나가게 합니다. "스누피 가라사대" 명령을 제대로 따르지 못해도 탈락이에요.

**우승** : "스누피 가라사대" 명령을 모두 성공시키고 끝까지 남은 팀이 승리예요.

### 멍멍이의 정신력

'기다려' 명령을 더 갈고닦을 수 있는 재미있는 방법이에요. 이 게임으로 키우는 개의 정신력을 테스트해 볼 수 있어요. 게임을 시작하기 전에 핫도그를 2~3㎝ 크기로 잘라요. 그리고 손님에게 두세 개씩 나눠 줍니다.

**규칙** : 손님끼리 1미터 정도 떨어져 서고, 줄에 묶은 개는 '엎드려' 자세를 시켜요. 셋을 세면, 주인이 "기다려"라고 말하면서 핫도그 조각을 개의 코에서 30㎝ 떨어진 곳에 내려놓습니다. 참가자는 자기 개를 만져서도, 줄을 잡아당겨서도 안 돼요.

**우승** : 가장 오랫동안 유혹을 참고, 주인이 오케이 사인을 하면서 간식을 먹으라는 신호를 줄 때까지 기다리는 개가 우승입니다.

## 자리 뺏기 놀이

이 게임은 목줄을 한 채 나란히 걷기, 재빨리 털썩 주저앉기를 잘하는 개가 이기는 게임이에요. 흥겨운 음악, 동그랗게 원을 만들 수 있는 긴 밧줄이나 훌라후프가 필요해요. 먼저 훌라후프나 밧줄을 일렬로 띄엄띄엄 바닥에 놓아요. 전체 참가 팀 수보다 훌라후프가 한 개 적어야 해요.

규칙 : 참가자는 한쪽에 일렬로 섭니다. 음악이 시작되면 훌라후프 주변을 한 방향으로 돌게 합니다. 음악이 멈추자마자, 사람은 한 발을 훌라후프 안에 넣고 개는 훌라후프 안에 앉게 해요. 훌라후프 안에 들어가지 못한 팀은 탈락이에요. 한 라운드가 끝날 때마다 훌라후프를 한 개씩 치워요.

우승 : 마지막 훌라후프를 차지하는 팀이 우승이에요.

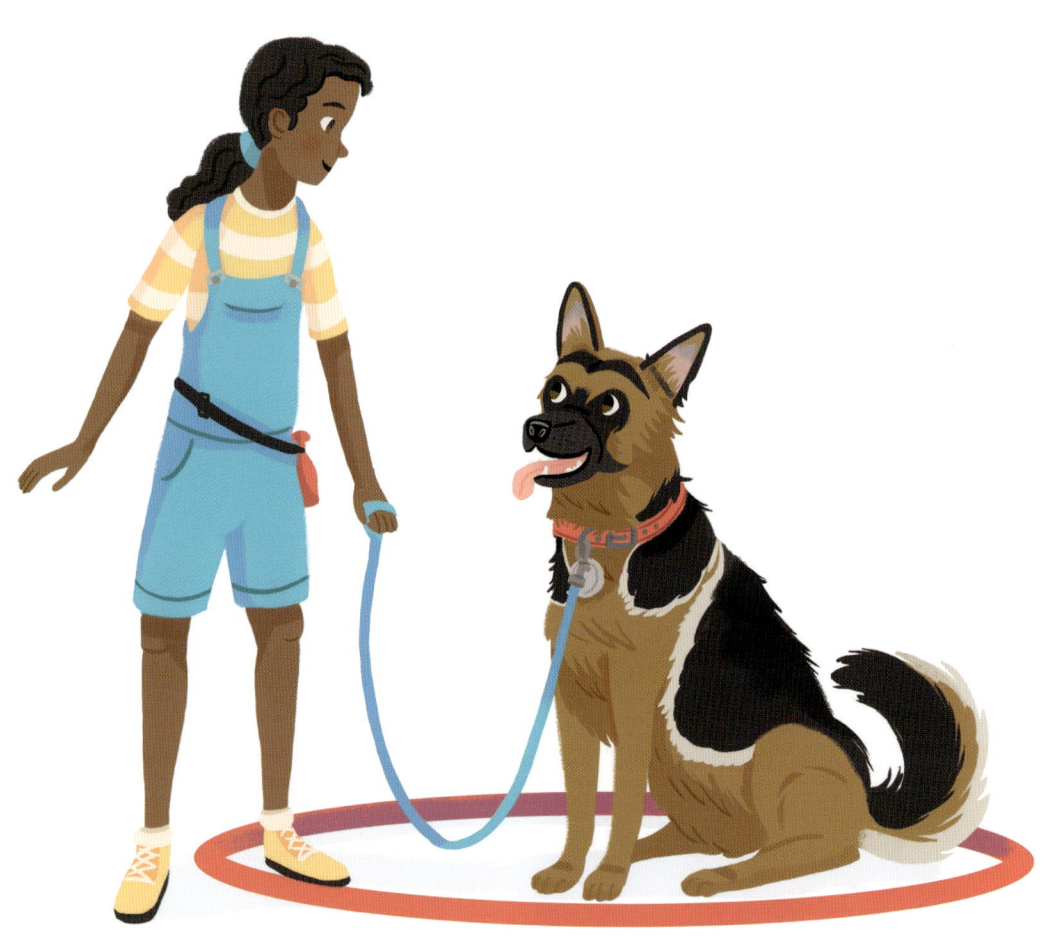

# 멍멍이 피냐타

여러분이 직접 만든 피냐타에서 비스킷이 우수수 떨어지면 손님들이 정말 즐거워할 거예요.
이 활동은 개들끼리 서로 잘 알고 먹을 것으로 싸울 확률이 적은 경우에만 해야 합니다.

**두꺼운 종이 상자, 튼튼한 가위나 다용도 칼,
접착력 좋은 테이프와 셀로판테이프, 풀이나 딱풀 또는 글루건,
습자지, 주름종이, 폼보드 또는 색종이, 단단한 끈,
작은 반려견용 비스킷과 간식**

## 1 집 만들기

**A** 상자 날개 한 쌍을 잘라 냅니다.
손잡이를 만들어 달기 위해 날개 한 쌍은 남겨 두세요.

**B** 반대편 바닥의 날개 한 쌍을 접어 지붕 모양을 만들어 줍니다. 접착력 좋은 테이프를 충분히 써서 고정해 주세요.

**C** 남은 날개에 지붕 모양 테두리를 그리고 나머지는 잘라 냅니다.

## 2 잡아당기는 손잡이 만들기

**A** 잘라 낸 상자 날개를 적당한 크기로 자르고 그 중앙에 구멍을 뚫어 줍니다.

**B** 끈을 60cm 정도 길이로 잘라요. 상자 날개 구멍에 끈 한쪽을 통과시키고 매듭을 지은 다음, 빠지지 않게 테이프로 구멍을 고정해 주세요.

**C** 끈 반대편에 반려견용 비스킷을 꽉 매답니다.

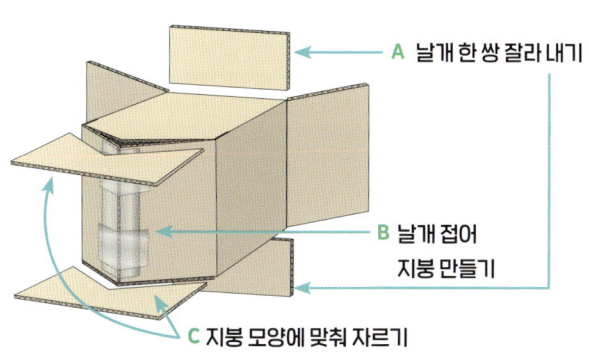

A 날개 한 쌍 잘라 내기
B 날개 접어 지붕 만들기
C 지붕 모양에 맞춰 자르기

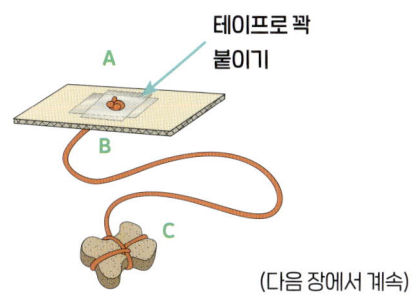

테이프로 꽉 붙이기

(다음 장에서 계속)

## 3 장식하고 속 채우기

**A** 자, 이젠 마음껏 장식하는 거예요! 여기서는 습자지와 주름종이를 잘게 잘라 옆면에 붙이고, 색종이로 문을 만들어 주었어요.

**B** 지붕 부분을 조심스럽게 잡아당겨 살짝 벌린 뒤, 긴 끈을 넣어 통과시켜요. 끈 끝은 단단하게 매듭을 지어 주세요.

**C** 상자를 옆으로 뉘어 놓고 안에 간식 한두 줌 정도 넣은 다음 바닥 날개를 거의 닫히도록 접어 주세요.

**D** 2에서 만든 손잡이를 바닥 날개 사이에 집어넣습니다. 그리고 간식이 쏟아지지 않도록 날개를 제대로 막아 주세요. 셀로판테이프로 날개를 완전히 봉합니다.

## 4 매달기

**A** 폼보드나 색종이로 지붕을 잘라요. 상자로 만든 지붕보다 조금 더 넓고 길게 만들어야 진짜 지붕처럼 보여요. 반으로 접은 뒤 끈을 끼워 넣을 수 있게 칼집을 내줍니다.

**B** 개의 머리보다 조금 높은 위치에 피냐타를 매달아요. 개가 점프를 해야만 비스킷을 물 수 있을 정도로요. 그래야 나중에 잡아당겨지면서 바닥 날개가 열리고 간식이 쏟아질 거예요.

**C** 지붕을 얹고 틈에 끈을 끼워 넣어요.

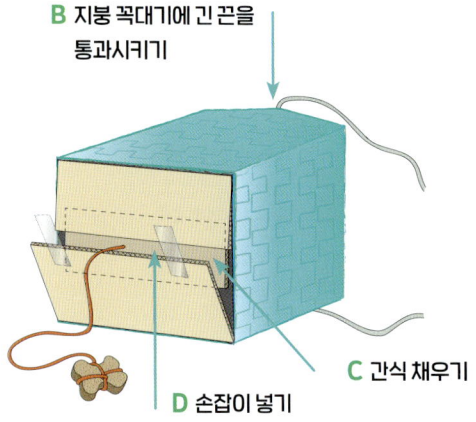

B 지붕 꼭대기에 긴 끈을 통과시키기
C 간식 채우기
D 손잡이 넣기

A 칼집을 낸 지붕 만들기
B 매달기
C 지붕 얹기

# 더 간단한 피냐타 만들기

**지관통**

**폼보드**

폼보드를 같은 모양으로 두 개 잘라요. 틈에 뚜껑을 끼워 넣는 형식의 과자 상자를 폼보드 사이에 넣고 풀로 붙여요.

**1** 매달 수 있도록 상자 바닥 안으로 리본을 통과시켜요.

**2** 상자를 간식으로 채워요.

키친타월 심 같은 지관통을 장식하고 안에 간식을 채워 넣어요. 미끼용으로 지관통 뚜껑에 간식 하나를 매달아요.

**3** 끈으로 만든 고리를 상자 뚜껑 안으로 통과시키고 뚜껑을 잘 닫아요.

# 왈왈 브라우니

도그 파티에 브라우니를 내놓으면 개 손님들이 기뻐서 하울링을 할지도 몰라요.
게다가 이 간식엔 개에게 위험한 초콜릿이 단 한 조각도 들어가지 않아요.

식물성 오일 ½컵 / 꿀 2테이블스푼 / 통밀가루 1컵
캐럽 칩 ½컵 / 캐럽 가루 ¼컵 / 달걀 4개
바닐라 익스트렉 1티스푼 / 베이킹파우더 1티스푼

1. 오븐을 180℃로 예열하세요. 베이킹 팬에 기름을 바르세요.

2. 중간 크기 그릇에 꿀과 오일을 넣고 나무 숟가락으로 섞어 줍니다.

3. 통밀가루, 캐럽 칩, 캐럽 가루, 달걀, 바닐라 익스트렉, 베이킹파우더를 넣고 잘 섞어요.

4. 준비한 베이킹 팬에 반죽을 펼치고 30~35분 정도 구워 줍니다. 가운데에 이쑤시개를 찔러 넣어 익었는지 확인해 보세요. 이쑤시개에 아무것도 묻어나지 않으면 다 익은 거예요.

5. 팬 채로 식히세요. 먹을 때는 기호에 따라 크림(113쪽 참조)을 올려 줍니다.

6. 2.5×2.5cm 정도 한입 크기로 네모나게 잘라요. 밀폐 용기에 담아 냉장고에 보관하세요.

몸무게가 14킬로그램 이하인 개는 1~2개, 그 이상이면 2~4개 주면 됩니다.

## 왈왈 브라우니 크림

무지방 크림치즈 340그램
바닐라 익스트렉 1티스푼
꿀 1티스푼

**1** 크림치즈와 바닐라 익스트렉, 꿀을 소형 믹서에 넣어 섞어 주세요.

**2** 주걱을 이용해 식힌 브라우니에 크림을 펴 바릅니다.

# 환상의 맛, 미트볼

개들은 고기 간식이라면 사족을 못 쓰죠. 개의 생일이나 입양 기념일처럼
특별한 날에는 특별한 요리를 선물해 보세요.

다진 소고기 200그램
빵가루 ½컵
강판에 간 체더치즈 ½컵
당근 1개 채썰어 준비
달걀 1개 잘 풀어서 준비
저염 토마토 페이스트 3테이블스푼

1 오븐을 180°C로 예열하세요. 베이킹 팬 위에 기름을 바르거나 종이 포일을 깔아 주세요.

2 큰 그릇에 재료를 모두 담고 잘 섞일 때까지 저어 줍니다.

3 한 숟가락씩 떼어 내 미니 미트볼 모양을 만들어 주세요.

4 종이 포일 위에 미트볼을 얹고 15~20분 또는 속까지 다 익도록 구워 줍니다.

5 식힌 후 밀폐 용기에 넣어 냉장고에 보관합니다.

몸무게가 14킬로그램 이하인 개는 1개, 그 이상이면 2개를 줍니다.

# 건강하고 행복한 내 강아지

개를 키우면 해야 할 일들이 무척 많아요. 밥도 주고, 똥도 치우고, 산책도 시켜 주고, 같이 놀아도 줘야 하죠. 그중에서도 마지막이 무척 중요해요. 개와 함께 놀아 주는 거야말로 개가 행복하고, 살 찌는 걸 예방할 뿐 아니라, 넘치는 에너지를 소모해 문제를 일으키는 것도 막는 최고의 방법이니까요. 개는 규칙적으로 산책을 시켜야 합니다. 날씨에 상관없이 즐길 수 있는 놀이도 필요하고요. 매일 두세 번씩 짧게나마 노는 시간을 가져 보세요.

지금부터는 일상생활에서의 건강 정보, 동물 병원 방문을 위한 비법과 개를 운동시키는 재미있는 방법을 소개할게요.

# 밖으로 고고씽~, 야외 놀이

날씨가 좋으면 개를 밖으로 데리고 나가 게임 네 가지를 함께해 보세요. 아래의 야외 놀이들은 그 방법을 응용해 집 안에서 해 보는 것도 좋아요.

### 난 숨을게, 넌 찾아~

이 게임은 '이리 와' 명령을 더 확실하게 가르칠 수 있는 놀이예요. 다른 사람에게 개를 붙잡고 있으라고 부탁하고, 여러분은 급히 숨을 곳을 찾아요.(나무 뒤나 창고처럼)

적당한 곳을 찾으면, 개의 이름을 부르며 "이리 와."라고 한 번 말합니다. 개가 후각과 머리를 이용해 여러분을 찾아내도록 가만히 기다려요. 개가 성공하면 칭찬하며 간식을 줍니다.

### 멍멍이 보물찾기

똘똘한 여러분의 개는 다양한 장난감의 이름을 다 알고 있나요? 코나는 "폭시"가 주황색 봉제 인형, "다람쥐"가 회색과 검은색이 섞인 봉제 인형이라는 걸 알고 있어요. 이 게임은 개의 어휘력을 늘리는 동시에 두뇌와 근육까지 훈련시킬 수 있어요.

매일 2~3분 동안 개에게 좋아하는 인형을 보여 주면서 그 이름을 말해 주세요. "여기 폭시가 있네!", "이건 다람쥐야."처럼요. 인형 냄새도 맡게 하고 놀게도 해 주세요. 개가 인형을 갖고 놀 때도 계속 이름을 언급해 줍니다. 인형 던져서 가져오기, 숨은 인형 찾기 등을 할 때도 인형의 이름을 말하면서 "찾아서 가져와."라고 말해 줍니다. 2~3일 동안 한 개의 인형으로만 연습하세요. 그래야 개가 인형과 이름을 연결시킬 수 있으니까요. 그리고 다른 인형도 같은 방법으로 소개해 줍니다.

두 인형을 소개해 줬다면 개가 잘 이해하고 있는지 한번 테스트해 보세요. 1미터쯤 떨어진 곳에 인형을 놓고 한 가지를 가져오게 하는 거예요. 맞는 걸 골랐다면 칭찬을 아끼지 마세요. 두 인형 중 하나를 꾸준히 잘 골라낸다면, 인형을 하나 더 추가할 수 있어요.

이제 밖으로 나가 봐요. 나무 뒤나 마당 이곳 저곳 또는 공원에서 좋아하는 인형 두세 개를 숨기는 거예요. 그다음 (상황에 따라 목줄을 한 채로, 혹은 하지 않은 채로) 인형을 찾아오게 하는 미션을 내립니다.

## '물어 와' 놀이

대부분의 개는 움직이는 물체, 특히 공이나 원반 쫓아가는 걸 좋아하죠. 이 놀이는 개들을 운동시키기에 정말 좋은 방법이에요. 그런데 어떤 개들은 공이나 원반 쫓아가는 건 좋아하지만 다시 돌려주지 않으려고 해요. '물어 와' 놀이를 하려면 쫓아가기, 가져오기, 내려놓기 각 단계를 다 가르쳐야 합니다.

물건을 다시 가져오는 걸 가르치려면 똑같이 생긴 공과 원반 2개가 필요해요. 첫 번째 공을 가져왔는데 물고 놓지 않으려 한다면, 이름을 부르며 나머지 한 개를 던지는 거예요. 그럼 물고 있던 걸 놓고 두 번째 공을 잡으러 달려갈 거예요.

개가 다시 물어 오면, 첫 번째 공으로 똑같이 반복해요. 여러분이 늘 다른 공이나 원반을 던져 준다는 걸 개가 깨우치면, 이제 다른 공을 던지기 전에 "내려놔."라고 말합니다. 명령한 대로 개가 공을 포기하면 간식을 주거나 똑같은 공을 던져 줘요. 얼마 안 가 개는 공을 포기하면 맛있는 간식이 나오거나 놀이를 더 즐길 수 있다는 걸 깨닫게 된답니다.

개도 여러분과 마찬가지로 겨울이라고 집 안에만 있는 건 답답해 해요. 밖이 눈으로 덮여 있다면 나가서 '눈 뭉치 물어 오기' 게임을

### 코나의 한마디

## 아낌없이 칭찬해 주개

처음엔 나도 아덴이 던져 주는 말랑한 원반에 머리를 몇 번 맞은 적이 있어. 솔직히 그땐 좀 어설펐거든. 누구나 처음엔 그럴 수 있잖아. 하지만 괜찮아! 인내심을 갖고 가깝게 던지면 곧 눈과 입의 조정력을 연마할 수 있을 테니까. 이때 우리 개들의 용기를 북돋고 동기를 부여하는 비법이 있어. 바로 즐거운 목소리로 "잘했어."라고 칭찬해 주는 거야. 이 말을 듣고 이제 난 시키지 않아도 아덴의 발밑에 원반을 내려놓고 아덴이 다른 걸 던지는 사이 바로 전력 질주를 해. 그리고 공중에 풀쩍 뛰어올라 멋지게 잡아낸다고!

해 보세요. 눈을 한 덩어리 뭉쳐서 던져 주면 개는 신나서 눈 뭉치를 쫓아 달려갈 거예요. 개들은 또 눈 속에서 풀쩍거리고 눈에 구멍 파는 걸 무척 좋아한답니다.

### 안전한 터그 놀이

여러분 손과 개의 입 사이에 안전거리를 두기 위해 적어도 1미터 정도 되는 탄탄한 터그 장난감을 고르세요. 개에게 '앉아', '기다려'를 시킨 뒤, 개 앞에서 터그 장난감을 바닥에 끕니다. 개가 장난감을 덥석 물면, "내려놔."라고 말하고 시킨 대로 잘했으니 간식을 줍니다. "물어."라고 말하면서 개에게 장난감을 물어도 된다는 허락을 합니다. 10~15초 정도 잡아당기게 하고 다시 '내려놔' 신호를 줍니다. 잠시 기다리게 한 뒤 다시 "물어."라고 말하면서 게임을 시작합니다.

여기서 중요한 건, 터그 놀이를 시작하는 것도 끝내는 것도 여러분이라는 걸 가르치는 거예요. 장난감을 너무 세게 잡아당기거나 '내려놔' 명령을 지키지 않는다면 놀이를 중단합니다.

## 집 안에서도 신나게

눈이 오거나 비가 오거나, 얄궂은 날씨 때문에 집에만 있어야 할 때는 다음과 같은 놀이로 개의 활동량을 늘려 보세요.

### 미니 장애물 경주

이 게임은 다양한 장애물을 이리저리 조합해서 개의 흥미를 끌고 꾸준한 운동을 유도하는 장점이 있어요.

* 넓은 공간에 종이 접시, 책, 작은 쿠션 등을 줄지어 놓은 뒤, 목줄을 짧게 잡고 그 사이를 요리조리 피해서 걷도록 해요.
* 책이나 커다란 깡통 몇 개를 양쪽에 쌓아 놓고 그 위에 빗자루를 얹은 뒤, 그 위를 뛰어넘게 해요. 처음부터 여러분의 개가 충분히 할 수 있는 정도의 높이에서 시작하는 게 좋아요.
* 훌라후프를 바닥에서 몇 센티미터 위로 띄워서 잡고, 개가 점프해서 훌라후프를 통과하도록 해요.

**왔다 갔다 유산소 운동** 이 게임을 하려면 도와줄 사람과 간식 한 줌이 필요해요. 두 사람이 긴 복도 양 끝이나 계단 꼭대기와 아래에 떨어져 섭니다. 개가 한 사람 옆에 서 있으면 반대편 사람이 밝은 목소리로 개의 이름을 불러요. 개가 바로 달려오면 간식을 주어 보상합니다.

이렇게 몇 분 동안 왔다 갔다 달리기를 하면 운동 효과가 무척 좋아요.

**뒤죽박죽 신호** '앉아'와 '엎드려' 신호를 연결해서 몇 차례 반복하면 자연스럽게 '멍멍이 푸쉬업' 동작이 완성됩니다. 아니면 '앉아', '기다려', '이리 와', '엎드려', '앉아', '굴러' 등 다양한 신호를 이리저리 섞어서 연결해도 돼요. 특별히 여러분의 개가 잘하고 좋아하는 동작부터 조합하는 게 좋아요.

비 오는 날은 개에게 무척이나 중요한 '기다려' 신호를 충분히 연습할 수 있는 좋은 기회입니다. 제자리에 얌전히 앉아 있는 시간을 점점 늘려 가면서 연습하는 거죠. 개가 잘 해내면 칭찬을 듬뿍 해 주고 중간중간 간식도 조금씩 나눠 주세요.

## 멍멍이 건강 탐정 되기

여러분이 맡아야 할 가장 중요한 역할 중 하나는 바로 개의 건강을 챙기는 '건강 탐정'이에요.

어떻게 하냐고요? 방법은 간단해요. 개가 평소의 모습과는 달리 뭔가 변화가 있지는 않은지 언제나 살펴보는 거예요. 그리고 뭔가 문제가 생겼을 때는 부모님께 그 사실을 알려야 하죠. 개의 문제를 빨리 알아차릴수록, 개도 더 빨리 도움을 받을 수 있어요.

그러기 위해서는 여러분이 반려동물 건강 탐정으로서 개에 관해 관찰하기, 냄새 맡기, 듣기, 만져 보기 등 다양한 기술을 활용할 줄 알아야 해요.

평소에는 에너지 넘치던 개가 어느 날 자기 침대에만 누워 있으려고 하나요? 물어 오기 게임을 하자고 해도 거부하나요? 늘 아무거나 잘 먹던 녀석이 식사 시간에 밥그릇 냄새만 맡고 그냥 가 버리나요? 몸 어딘가를 자꾸 긁나요? 발바닥을 물어뜯나요? 등에 혹이 났거나 일주일 전만 해도 없던 붉은 발진이 배에 생겼나요? 이러한 것들 모두가 뭔가 문제가 생겼다는 단서랍니다.

## 반려동물 응급 처치 배우기

반려동물을 키우는 사람들이 늘어나면서 우리나라에서도 조금씩 반려동물 응급 처치 프로그램이 생겨나고 있어요. 하지만 아직 시작 단계라 소수 지방자치단체나 소방본부, 동물 병원 중심으로 이루어지고 있어요. 응급 처치를 잘 알아 두면 다음과 같은 점이 좋아요.

* 개가 아프거나 다쳤을 때 침착하게 대응할 수 있어요.
* 개의 생명을 살릴 수도 있어요.

반려동물과 사람의 심폐소생술은 기본 원리는 같지만 자세히는 달라요. 먼저 심장(심장은 옆으로 뉘였을 때 앞다리를 구부려서 관절이 닿는 부위 정도)이 위치한 왼쪽 가슴이 위로 오도록 눕혀요.

입 안에 토사물 같은 이물질이 없는지 확인한 뒤, 있으면 입을 벌리게 하여 제거해요.

그런 다음 깍지 낀 손으로 가슴을 적당히 압박해 줍니다. (체형이 5킬로그램 미만의 작은 반려동물은 한 손으로 검지의 중지와 엄지를 사용해 눌러 주세요.)

압박 30회를 한 뒤, 인공호흡(사람과 달리 입을 막고 코에 숨을 불어넣어요.) 2회를 하는 게 한 세트예요. 대개 두 세트 반복하는데, 횟수와 방식 등은 심장 박동 상태를 보고 결정합니다.

자세한 것은 유튜브 채널《소방청TV》의〈동물 심폐소생술(CPR) 이렇게 하세요!〉라는 동영상을 살펴보세요. 그 외에도 동물 병원들에서 유튜브에 올린 다양한 반려동물 응급 처치 동영상이 있으니 참고하세요. 만약 반려동물의 응급 상황 정도가 위급하다면 빨리 가까운 동물 병원을 찾아야 해요.

## 멍멍이 건강 탐정, 사전 준비

자, 그럼 이제부터 본격적으로 멍멍이 건강 탐정이 되어 볼까요? 먼저 문이 달려 있고 집중을 방해하는 것이 없는 좁은 공간을 선택합니다. 개를 데리고 침실로 가거나 간식을 이용해 화장실로 유인해도 좋아요.

그런 다음, 머리부터 꼬리까지 개의 건강을 체크해 줍니다. 이렇게 하면 건강 문제를 빨리 발견하기 좋을 뿐만 아니라 개와 끈끈한 유대 관계도 쌓을 수 있어요. 1주에 1회 체크하면 좋아요.

### 코나의 한마디
### 건강의 증거, 핑크 빛 잇몸

'핑크 빛 잇몸' 이거만 잘 기억해도 개 건강 탐정이 될 수 있어! 왜냐고? 그건 바로 잇몸 색깔이 우리 개들의 건강에 중요한 신호가 되기 때문이지.
아덴은 수업을 듣는 학생들에게 잇몸 확인하는 법을 직접 보여 주기 위해 내 윗입술을 조심해서 들어 올려. 그럼 난 내 새하얀 이빨과 건강한 분홍색 잇몸을 자신 있게 뽐내곤 하지. 너네 집 개 잇몸이 하얀색, 회색, 파란색, 선명한 빨간색, 노란색 등등이라면 뭔가 문제가 있는 거야. 얼른 동물 병원에 가는 게 좋아.

# 머리부터 발끝까지, 멍멍이 건강 체크

개의 몸을 세 위치 즉 앞, 배 쪽, 옆에서 확인하고 그 윤곽을 그리는 것부터 시작해요. 그리고 베인 자국, 혹, 발진 등의 문제를 발견하면 그림에 표시해요. 이렇게 집에서 건강 체크를 하고 나면 꼭 칭찬을 듬뿍 해 주거나 좋아하는 간식을 주세요.

**머리부터 시작! 먼저 코를 만져 보세요.** 건강한 코는 말라 있거나 살짝 촉촉해요. 건강하지 못한 코는 매우 건조하거나 콧물로 범벅이 되어 있죠.

**부드럽게 귀를 뒤로 넘겨 귀 안을 들여다보세요.** 킁킁 냄새도 맡아 보고요. 커피 찌꺼기 같은 짙은 갈색 먼지가 있거나 더러운 양말 냄새 같은 게 난다면, 귀가 감염되었거나 진드기가 있다는 뜻이에요.

**개의 눈앞에서 간식을 양쪽으로 천천히 움직여 봐요.** 개의 눈동자가 잘 따라오나요? 양쪽 동공 크기는 같은가요? 한쪽이 다른 쪽에 비해 크거나 작으면 건강에 문제가 있을 수 있어요. 간식을 눈앞에서 움직여 보는 것으로 목 근육이 뻣뻣한지 알아볼 수도 있고요.

**배에 붉은 반점이나 발진이 없는지 확인해요.** 혹이나 응어리가 있는지도 만져 보세요.

**손으로 머리부터 꼬리까지 천천히 쓰다듬어요.** 그리고 온몸을 느리고 부드럽게 마사지해 봅니다. 이때 개가 움찔하거나 손길을 거부하면 근육통이나 관절염이 있을 수도 있어요.

**네 발을 관찰해요.** 베인 상처가 없는지, 발톱이 너무 길지는 않은지, 진드기는 없는지 확인해요.(진드기는 발가락 사이를 좋아해요!)

**조심스럽게 꼬리를 들어 보세요.** 항문이 빨갛거나 마른 똥이 붙어 있는지 확인해 보세요. 자꾸 엉덩이를 바닥에 댄 채 앞으로 돌진하면(일명 '똥스키') 기생충이 있는 걸 수도 있어요.

**꼬리에 상처나 혹이 없는지 확인해요.** 꼬리에는 조그만 뼈가 아주 많아요. 개는 너무 심하게 꼬리를 치거나 어딘가에 부딪히기만 해도 꼬리 부상을 당할 수 있어요.

# 쉬, 응가, 토 관리자

똥은 누구나 늘 눠야 하죠. 쉬도 마찬가지고요. 또 가끔 토도 할 수 있어요. 이렇게 개가 몸 밖으로 내놓는 것들에 관심을 가지면 건강 문제를 빨리 눈치챌 수 있답니다.

## 응가 먼저

건강한 보통 개는 초콜릿색, 통나무 모양, (비닐을 뒤집어쓴) 손으로 쉽게 집을 수 있는, 살짝 질척한 똥을 눕니다. 개가 너무 작거나 딱딱한 똥을 눈다면 변비에 걸린 걸 수 있어요. 물기가 많아 질퍽한 적갈색 똥을 눈다면 설사를 하는 거고요.

똥에서 심하게 고약한 냄새가 나거나 커피 찌꺼기 같은 게 섞여 있다면 내출혈이 있을 수도 있으니 당장 동물 병원에 데려가세요.

## 이번엔 쉬

소변은 개의 건강에 대해 많은 걸 알려 줘요. 보통 개의 소변은 노란색이고 심한 냄새가 나지 않아요. 갈색, 주황색, 분홍색 심지어 붉은색 소변은 건강에 문제가 있음을 드러내는 거예요. 소변의 색깔을 확인하기 위해서는 하얀 키친타월을 이용하세요. 암컷의 경우에는 쪼그려 앉아 소변을 보기 직전 밑에 키친타월을 깔아 줍니다. 수컷의 경우에는 시간을 잘 맞춰서, 멈춰 서서 뒷다리를 들어 올리려고 하는 순간에 키친타월을 갖다 대세요.

### 코나의 한마디

#### 설사를 멈추는 마법의 레시피

우리 개들이 설사하는 건 간단한 일이 아니야. 물론 변비도 마찬가지고! 하지만 다행히 끝내주는 해결책이 있어. 내가 배가 아프면 아덴은 끼니마다 호박 통조림 한 테이블스푼을 사료에 섞어 줘. 그럼 얼마 안 가 건강한 응가를 누게 돼. 호박 파이 만들 때 넣는 달달한 거 말고 무첨가, 무가당 호박 퓌레를 선택해. 한번 호박의 파워를 경험해 보라고~!

소변을 얼마나 자주, 얼마나 많이 보는지도 관찰하고, 변화가 있는지 체크해야 해요.

이를테면 늘 산책하러 나가서 소변을 보던 개가 갑자기 거실 러그 위에 쉬를 한다면 뭔가 문제가 있는 거예요. 시원하게 누지 못하고 몇 방울만 찔끔거리면 요로가 막혔을 수 있어요. 이건 응급 상황이니 조심하세요!

### 개가 토하는 이유

토하는 이유는 다양해요. 상한 음식을 먹었을 때, 너무 급하게 먹었을 때, 실수로 독성이 있는 식물이나 약을 삼켰을 때, 또 멀미할 때가 대표적인 이유죠.

하지만… 그래요, 토는 역겹죠. 토를 관찰하고 처리하는 게 유쾌한 일은 아니에요. 여러분의 개가 아주 가끔 토를 하고 원래의 일상으로 돌아간다면 걱정할 것 없어요. 하지만 하루에 한 번 이상 토를 하고 힘없이 축 처져 있으면서, 먹을 걸 줘도 거부한다면 수의사의 검진이 필요합니다.

### 쿵-쿵-쿵-쿵-, 우리 멍멍이 심장 소리

개의 심장은 앞다리 사이 가슴에 위치해 있어요. 그 부위에 손바닥을 대고 심장이 쿵-, 쿵-, 쿵- 뛰는 걸 느껴 보세요. 또는 동물 병원에 가게 되면 수의사에게 청진기로 심장 소리를 들어도 되는지 물어보세요. 정말 재미있겠죠?
건강한 개의 심장 박동은 개의 크기에 따라 1분에 60~140회 정도 돼요. 작은 개는 큰 개보다 심장이 빨리 뛰죠.
건강한 치와와의 심장 박동은 1분에 100~140회 정도이며, 건강한 래브라도 레트리버의 심장 박동은 1분에 60~100회 정도랍니다.

# 새 질문 있어요!

### 개는 어떻게 한쪽 다리를 잃어도 걸을 수 있나요?
–잭슨, 6세(댈러스)

가끔 다리를 제거해야 할 정도로 다리의 상처나 감염이 심할 때가 있어요. 만약 사람이라면 인공 다리로 걷는 법을 배우겠죠. 만약 개도 다리 일부만 절제술을 받았다면 인공 다리를 만들어 줄 수 있어요.

하지만 다리 한쪽을 통째로 잃었다 해도 개에겐 아직 다리가 셋 남아 있죠. 이런 경우 일어서는 데 시간이 좀 걸리긴 해도 대부분 아주 잘 적응합니다. 두 다리가 걷고 뛰는 동안 나머지 한 다리는 깡충깡충 뛰는 거죠. 다리가 넷인 개에게 뒤처지지 않을 정도로 빨리 움직일 수 있어요. 뒷다리를 둘 다 사용할 수 없게 된 경우에는 휠체어 사용법을 배우면 됩니다. 개들의 가장 큰 장점은 아무리 나쁜 상황에서도 최선을 다한다는 것 아니겠어요?

–수의사 마이클 로사소(프리스코 반려동물 응급 의료 센터, 프리스코)

# 동물 병원 가는 걸 무섭지 않게!

수의사는 개를 사랑하지만, 개도 늘 수의사를 사랑하는 건 아닌 것 같아요. 때로는 동물 병원에 가는 게 끔찍한 경험이 될 수도 있으니까요. 그러면 개들도 평소처럼 편안하고 의젓한 모습을 보이지 못하겠죠. 다음을 참고하면 개가 동물 병원에 가는 걸 덜 무서워하도록 도움을 줄 수 있어요.

**이동장을 안전한 공간으로 인식하게** 여러분의 개가 철장 안에 있는 걸 익숙하게 여긴다면, 차에 타거나 병원에 들어갈 때 이동장을 이용하세요. 이렇게 하면 안전할 뿐만 아니라 진료 순서를 기다리는 동안에 개도 더 안심할 수 있어요. 이동장 문을 열고 안에 간식을 던져 주세요. 자연스럽게 간식 냄새를 맡게 하면서 이동장에 익숙해지게 합니다. 단 이동장에 들어가면 꼭 동물 병원에 가는 것이라는 인상을 심어 주지 않아야 해요.(철장 훈련에 대해서는 46쪽 참조)

**벨트를 단단히 채워 주세요.** 이동장이나 철장 없이 차에 탄다면 안전용 하네스를 하고 벨트를 채우는 데 익숙해지도록 해야 합니다. 자동차 여행에서는 이게 가장 안전한 방법이에요. 꼭 동물 병원이 아니더라도 개가 차를 타고 이동하는 것을 익숙하게 여겨야 해요. 그래야 차에 태워야 하는 상황에서도 개가 긴장하거나 문제를 일으키지 않게 됩니다.

**병원을 미리 방문해 봐요.** 부모님께 부탁해서 개를 데리고 동물 병원에 잠깐씩 가보는 거예요. 가서 수의사와 직원들에게 기분 좋은 관심과 간식을 받고 2~3분 후에 나와요. 몇 달 사이 이걸 두세 번 반복하면 동물 병원을 반가운 곳으로 여기게 될 거예요.

**개와 꼭 붙어 있으세요.** 대기실에 있는 동안 개에게 붙어 있고 다른 동물들과 너무 가까이 두지 마세요. 특히나 개가 무서워서 웅크린다면 충분한 공간을 마련해 줘야 해요. 개가 여러분을 볼 수 있게 해야 진정하는 데 도움이 돼요.

**차분하고 행복한 말투로 말해요.** 겁에 질린 개에게 절대 아기를 대하는 듯한 아기 말투를 쓰지 마세요. 개는 사람의 기분을 매우 잘 읽어 내기 때문에, 아무 문제가 없다는 걸 개에게 표현해야 해요. 개 입장에서 아기 같은 말투와 목소리는 확신이 없거나 상황 통제가 안 된다는 의미로 받아들일 수 있어요. 아기 말투는 실제로 개를 극심한 공포에 몰아넣을 수도 있고 스트레스나 불안을 유발할 수 있어요.

**스트레스를 덜어 주세요.** 개가 너무 긴장했거나 과하게 흥분했다면, 바로 진찰실에 들어가도 되는지, 혹은 수의사를 만날 때까지 차에서 기다려도 되는지 물어보세요.

**간식을 조금 주세요.** 수의사와 직원이 개를 진찰하는 동안 개의 관심을 끌 용도로 진찰실에 간식을 갖고 들어가도 되는지 미리 물어봅니다. 어떤 대답이 나오더라도 그것을 존중해 주세요. 채혈과 같이 스트레스를 유발하는 상황에서는 주인이 아예 밖에 나가는 것도 좋아요. 그럴 땐 나중에 충분히 위로해 주세요.

### '피어프리 핸들링'

어떤 개들은 동물 병원 로비에 들어서거나 진찰 받는 것 자체를 극도로 겁내곤 하죠. 점점 더 많은 수의사가 이 문제를 심각하게 깨닫고, 개와 몸싸움을 하거나 억지로 움직이지 못하게 하는 대신 더 안전하고 부드러운 핸들링 기술을 이용해 멍멍이 환자들을 대하고 있어요.

'피어프리 핸들링'이라고 불리는 이 프로그램은 미국에서 이루어지고 있어요. 동물 병원 진료에 어려움을 겪는 반려동물과 보호자를 위해 미국 FEAR FREE 기관에서 개발한 긍정 강화 프로그램 중 하나예요. 예를 들어, 조그만 개는 차가운 스테인리스 스틸 진찰대 대신 폭신한 침구에 눕혀 진찰하기도 해요. 또 예방 접종을 하기 전에 긴장을 푸는 데 도움이 되는 마사지를 구석구석 해 주거나 주사를 놓는 동안 간식을 줌으로써 개의 주의를 다른 데로 돌리는 경우도 있어요.

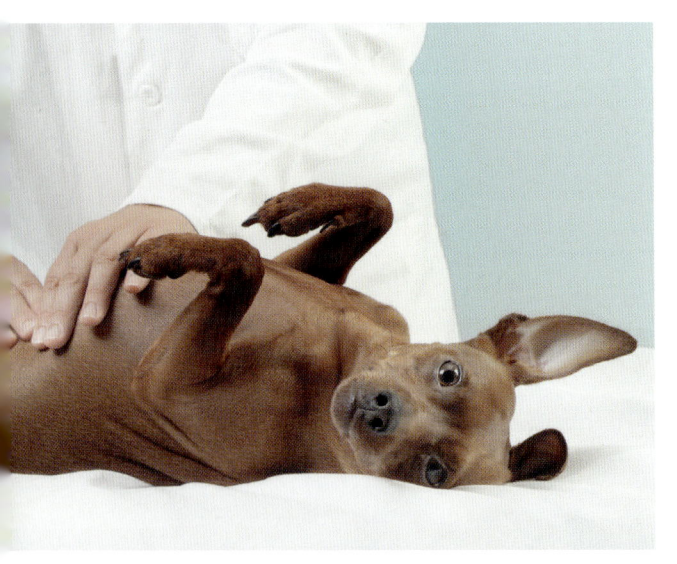

# 쌤 질문 있어요!

### 왜 개의 이빨을 닦아 줘야 하나요?
–코헨, 11세(대번포트)

여러분이 양치질을 하지 않으면 충치가 생기고 입에서 냄새가 나고 잇몸 질환이 생길 수 있어요. 잘못하면 이를 뽑아야 할 수도 있고요. 개는 일반적으로 충치가 잘 생기진 않지만, 이빨을 닦아 주지 않으면 여러분과 비슷한 문제가 생길 수 있어요.

* 반려견용 칫솔을 이용하세요. 작은 개의 경우엔 핑거 칫솔이 좋아요.
* 사람이 쓰는 치약은 개를 아프게 할 수 있으니 반드시 반려견용 치약을 쓰도록 하세요.
* 인내심을 갖고 부드럽게 칫솔질합니다.
* 매년 수의사에게 치아 검진을 받으세요.

이빨을 닦아 줄 때, 무엇보다 이빨을 깨끗이 관리하는 시간이 개에게 즐거운 경험이 될 수 있도록 최대한 노력해 주세요.

–수의사 데보라 찰스
 (카라 신다 동물 클리닉, 댈러스)

## 즉시 병원에 데려가야 할 때

피가 심하게 나거나, 머리, 가슴, 배에 심각한 외상을 입었거나, 뼈가 부러졌다면 두말할 것 없이 병원에 직행해야겠죠. 이 외에도 다음과 같은 경우가 발생하면 즉각 병원에 데려가야 해요.

- 걷지 못할 때
- 숨 쉬는 걸 힘들어할 때
- 1미터 이상의 높이나 계단에서 떨어졌을 때
- 깊이 베이거나 물리거나 찔렸을 때
- 쥐약, 부동액, 사람의 약 등을 먹었을 때
- 쓰러졌거나 의식이 없을 때
- 처음 발작을 하거나 발작이 오래갈 때
- 뱀에게 물렸을 때
- 배가 부어오르고 침만 흘리며 토하지 못할 때. 이는 고창증(배에 가스가 차며 배가 빵빵해지는 증상으로 '복부 팽창증'이라고도 함. 위가 팽창하면 횡격막을 압박하게 되고 호흡이 힘들어짐) 증상일 수 있어요. 특히 가슴이 발달한 개들이 음식을 급하게 먹었을 때 걸릴 수 있는 것으로 생명을 위협하는 위험한 병입니다.

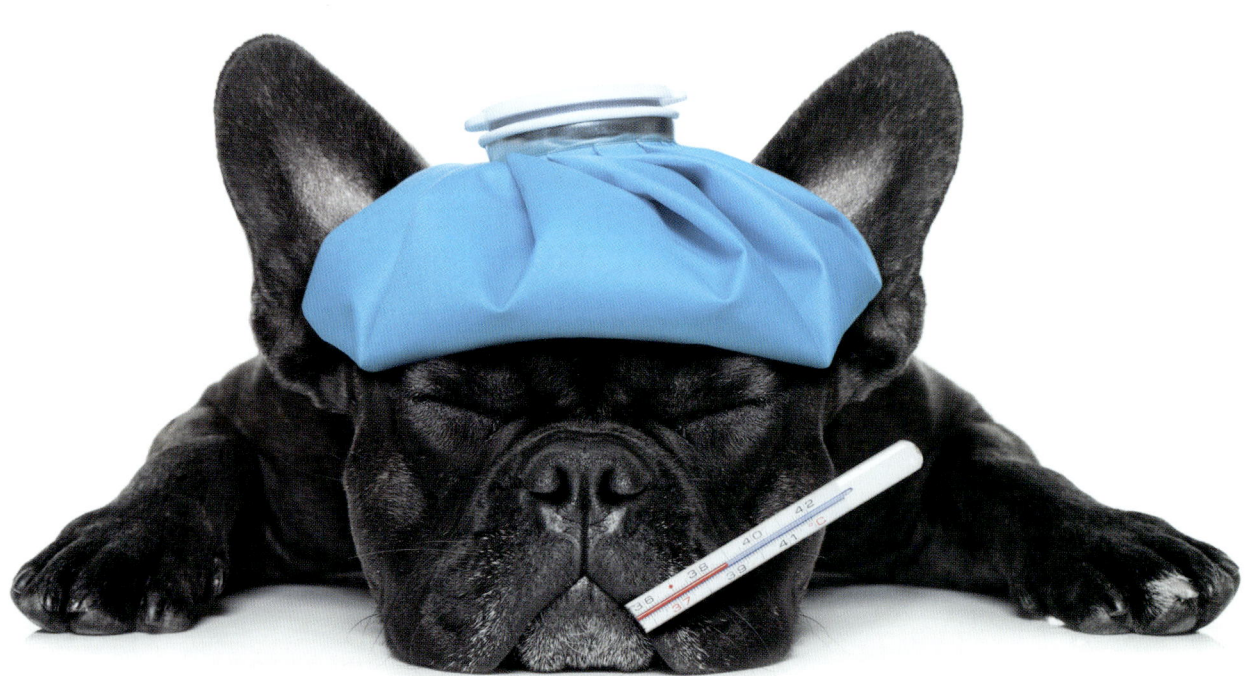

## 열 받은 개 식혀 주기

개는 보통 덥거나 운동 중일 때 헥헥거려요. 하지만 체온이 너무 올라간 경우에도 굉장히 빠르고 심하게 호흡할 수 있어요. 발바닥에 땀도 나고 잇몸도 핑크가 아닌 선명한 붉은 색으로 바뀔 거예요. 이 모든 증상이 동시에 일어나면 열사병 징후일 수 있어요. 무척 위험한 병이지요. 이럴 땐 개를 즉시 시원한 곳으로 옮기고 발을 하나씩 차가운 물에 담가요. 할 수 있다면 수건에 시원한 물을 적셔 배 위에 얹어 주세요. 수건은 2~3분에 한 번씩 다시 시원한 물에 담가 식혀 줘야 해요. 그렇다고 얼음물이나 얼음조각을 사용하면 안 돼요. 쇼크가 올 수 있거든요.

# DIY 반려동물 구급상자

집에는 가족들을 위한 구급상자를 준비해 두는 게 좋아요. 그리고 개를 위한 구급상자도 별도로 마련해 둬야 합니다. 물론 사람과 개가 공통적으로 쓰는 물건도 있지만, 사람용 구급상자에 들어 있는 것들 중에는 개에게 안전하지 않거나 불필요한 것들이 있거든요.

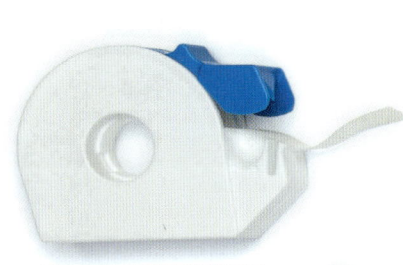

거즈 패드와 거즈 롤 (베인 상처, 출혈이 있는 상처, 가벼운 화상에 사용)

일회용 냉습포 (붓기를 가라앉히는 용도)

응급 처치 테이프 (반창고를 붙이는 용도)

소독용 알코올 (상처를 닦을 때나 도구 소독용)

항생제 연고 (상처 소독용)

끝이 뭉툭한 가위 (반창고나 거즈를 자르는 용도)

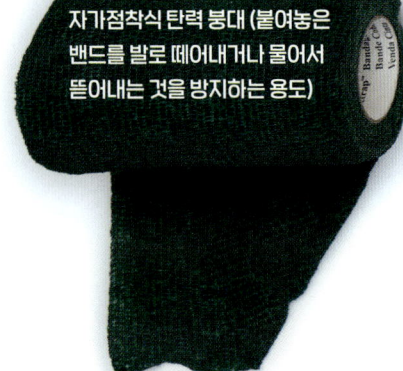

자가점착식 탄력 붕대 (붙여놓은 밴드를 발로 떼어내거나 물어서 뜯어내는 것을 방지하는 용도)

반려동물용 항히스타민 젤 (벌레에 물리거나 쏘였을 때 치료용)

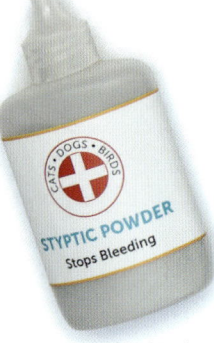

쏘인 상처용 패드(벌레에게 물리거나 쏘였을 때 치료용)

지혈 파우더 (작은 출혈 방지용)

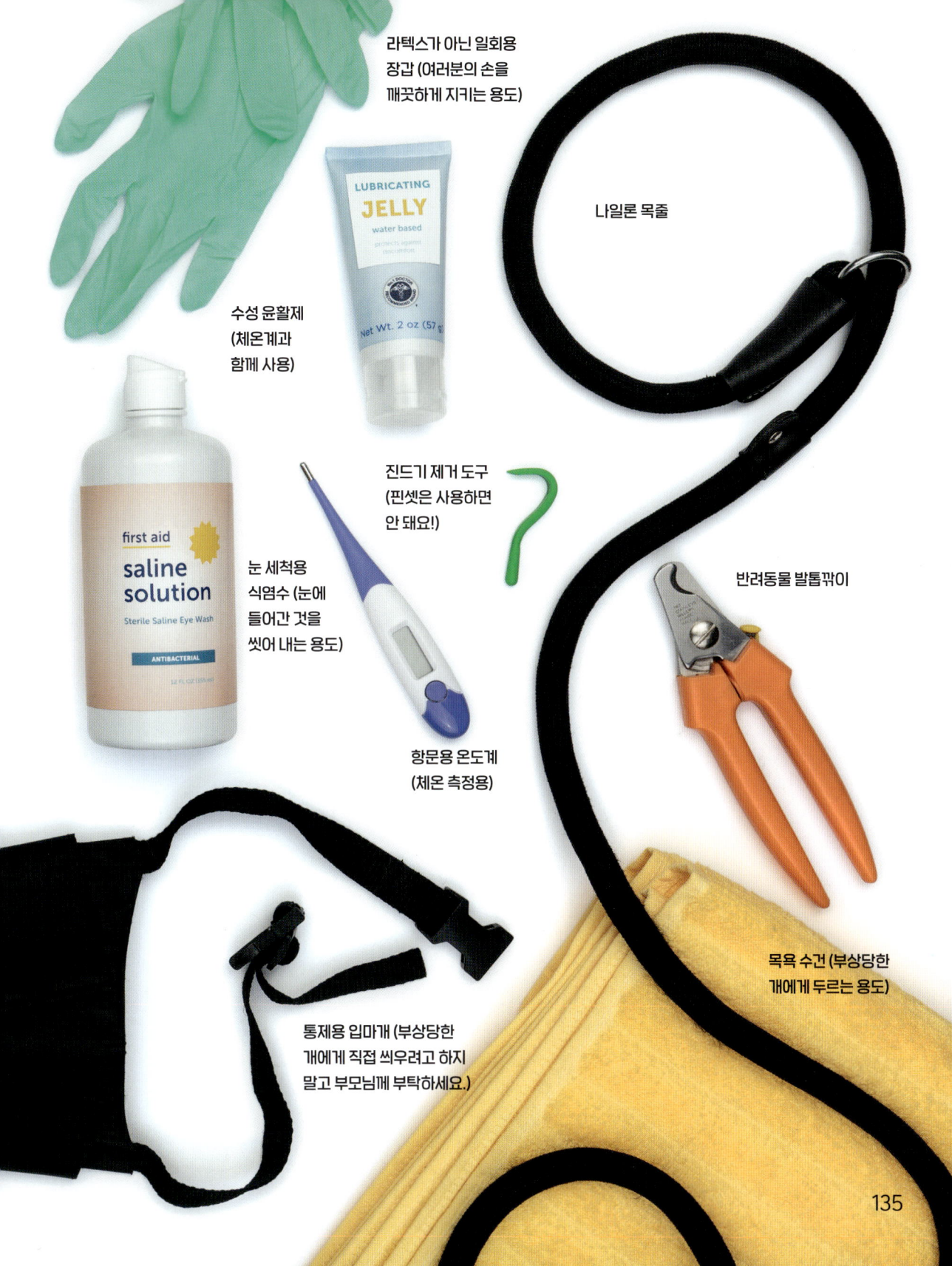

## 행복한 휴일, 하지만 개에게는?

여러분의 가족은 일 년 중 몇 차례, 모임을 갖거나 특별한 행사를 열 거예요. 그러면 당연히 집에 손님들이, 심지어 반려동물까지 모여들겠죠. 이럴 때마다 규칙적인 매일의 일상이 깨져요.

개의 입장에서 특별한 날을 기념하는 장식품, 반짝이 조각, 포푸리(말린 꽃으로 만든 방향제)등은 무시하기엔 너무 강력한 것들이에요. 갑자기 동물 병원에 달려가야 할 사건을 만들지 않고 특별한 날을 안전하게 보내고 싶다면, 다음의 안전 수칙을 꼭 지켜야만 해요.

**지치게 만드세요.** 미리 산책을 오래 다녀오거나, 물건 물어오기나 터그 놀이처럼 개가 좋아하는 게임을 여러 차례 하는 거예요. 피곤한 개는 문제를 일으킬 만한 일을 찾아다닐 가능성이 줄어들겠죠.

**사람들과 어울리게 하세요.** 사람을 좋아하고 예의 바른 개는 손님들을 맞이하거나 재주를 보여 줌으로써 스포트라이트를 받을 수 있어요. 코나는 손님들이 올 때 똑바로 앉아서 한 발을 들어 올리고 인사하는 걸

좋아한답니다. 하지만 개가 과하게 흥분한다면, 잠시 산책을 데리고 나가거나 사람들에게 벗어나 조용한 시간을 갖게 하는 게 좋아요.

**아니면 쉴 곳을 마련해 주세요.** 부끄럼이 많은 개에게는 북적이는 손님들을 피할 수 있는 안전한 장소가 필요해요. 행사가 열리는 동안 빈 침실이나 조용하게 떨어진 공간으로 데려가 주세요. 혼자 시간을 보낼 수 있게 간식이 차 있는 노즈워크 장난감이나 개껌을 줍니다.

**장식품에 주의를 기울여요.** 핼러윈, 크리스마스, 그 밖에 장식이 필요한 날에 위험할 수 있는 불꽃이나 깨지기 쉬운 장식은 사용하지 않는 게 좋아요. 개의 발에 상처를 낼 수 있고, 잘못하면 덥석 물었다 입이 베일 수 있어요.

**음식을 신경 쓰세요.** 특별한 날에는 개가 건드리지 못하게 신경 써야 할 특별한 음식들도 많은 법이죠. 여러분의 개가 부엌 싱크대나 식탁을 호시탐탐 엿보는 녀석이라면 식사를 하는 동안엔 안전한 방에 있게 하는 것도 좋아요.

특별한 날의 음식 중 개에게 위험한 것으로는 빵 반죽, 설탕이 든 햄, 초콜릿 캔디가 있어요.(그 외 위험한 음식에 대해서는 47쪽을 참조하세요.)

# 멍멍상식 퀴즈 정답

## Quiz ❶ (23쪽)

**1. A.** 사람의 맛봉오리가 9,000개로 가장 많아요. 개는 약 1,700개, 고양이는 473개밖에 없어요. 연구에 따르면 개는 사람만큼 짭짤한 맛을 좋아하지 않지만 대신 지방과 물을 감지할 수 있는 특별한 미각 수용기를 갖고 있대요.

**2. D.** 다리가 길고 날씬한 그레이하운드가 가장 높이 뛰어오를 수 있어요. 실제 높이뛰기 세계 기록은 172.7㎝로 소링 신다라는 이름의 그레이하운드가 세운 거예요. 이름도 소링(soaring, 날아오르는)이네요.

**3. C.** 엄청난 청각을 자랑하는 개는 귀를 여러 방향으로 움직일 수 있어요. 그래서 귀에 근육이 12개쯤 있는 것도 딱히 놀랍지 않네요. 개는 소리를 듣기 위해서 귀를 회전시키고, 관심을 드러내기 위해 쫑긋 세우고, 긴장하거나 겁이 날 땐 납작 엎드려요.

**4. C.** 이 개는 영국 출신이에요. 머리는 크고 네모졌고 입은 폭이 넓고 위로 향해 있어요. 코는 짧고 넓적하죠. 성질이 용감하고 주인에게 충실해서 집을 잘 지켜요.

## Quiz ❷ (55쪽)

**1. D.** 개 두 마리가 만나서 서로 엉덩이 냄새를 맡는 행위는 악수를 하는 것과 마찬가지라고 해요. 개는 엄청나게 후각이 발달했어요. 사람보다 1만 배는 더 냄새를 잘 맡지요. 그리고 개의 엉덩이는 항문과 항문샘이 위치한 곳이에요. 여기에서 분비되는 분비물은 상대 개의 성별, 무리 내에서의 사회적인 위치, 기분, 최근에 먹은 음식 등에 대한 단서를 제공해 줍니다. 정말 대단하죠.

**2. B.** 개의 눈에는 휘막이라는 이름의 특별한 막이 있어서 사람보다 어두침침한 곳에서 앞을 더 잘 봐요. 하지만 아무리 개라도 완벽한 암흑 속에서는 아무것도 볼 수 없어요. 집에 나이 많은 개가 있다면 밤 동안 야간등을 켜놓도록 해요. 그래야 밤에도 물그릇을 찾기 쉬울 테니까요.

**3. C.** 개는 여러분과 마찬가지로 쓴맛, 단맛, 신맛, 짠맛을 감지하는 맛봉오리를 갖고 있어요. 하지만 여러분에게는 맛봉오리가 9,000개나 있죠! 그래서 개보다 음식 맛을 훨씬 잘 느낄 수 있는 거예요.

4. C. 벼룩은 보통 개의 목이나 꼬리와 가까운 등 쪽에 많이 숨어 있어요. 개에게 벼룩이 없는지 늘 확인해 주세요. 그리고 동물병원에서 미리 벼룩기피제를 사놓으면 벼룩에게 물리거나 가려워하는 일을 막을 수 있어요.

5. A. 개는 대부분 헥헥거리면서 몸의 온도를 낮추지만 발바닥에 땀샘도 있어요. 몹시 더운 날에는 여러분의 개도 물웅덩이에 발 담글 기회를 노리고 있을지 몰라요.

## Quiz ❸ (90~91쪽)

1. D. 사람에게 길들지 않았던 개의 조상들은 만약의 경우를 대비해 남은 음식을 몰래 묻어 두곤 했는데 개들이 아직 그 습성을 버리지 못한 거예요. 또 우리가 보기엔 이상할 수 있지만 개의 입장에서는 간식에 흙이 묻으면 더 맛있어진대요. 그리고 욕심이 많은 개는 다른 개나 고양이에게 소중한 자기 음식을 빼앗기지 않으려고 묻어 둬요. 그러면 나눠 먹지 않아도 되니까.

2. C. 신났을 땐 당연히 하품하지 않아요. 하지만 하품을 한다고 해서 꼭 지루하거나 피곤하다는 뜻은 아니에요. 너무 시끄러운 소리가 나서 긴장되거나 걱정된다는 걸 알리고 싶을 때도 하품을 해요. 그럴 땐 거슬리는 소리가 나지 않는 곳으로 개를 데려가요. 또 훈련 중에 하품을 한다면 이제 그만하고 새로운 재주를 가르쳐 달라는 뜻이에요.

3. A. 당근, 얇게 썬 사과, 익힌 닭고기 조각은 보상으로 주기에 좋은 식품이에요. 하지만 개에게 포도는 절대 주어선 안 돼요. 포도는 질식의 위험이 있고 너무 많은 양의 포도나 건포도는 개에게 치명적일 수 있어요.

4. C. 개가 왜 역겨운 냄새가 나는 곳에서 뒹구는지 아직 정확히 밝혀내진 못했지만, 아마 사냥감에게 몰래 다가갈 수 있도록 자기 냄새를 숨기는 행위일 거라고 생각하고 있어요. 또 다른 원인으로 개는 목욕하고 난 뒤 자기 몸에서 장미나 라벤더 향이 나는 걸 좋아하지 않는다는 거예요. 강력한 인공적인 냄새가 민감한 코에 너무 거슬리는 거죠. 목욕을 시킬 땐 개의 입장에서 악취가 없는 무향 샴푸를 써 보세요.

# 용어 해설

**너트메그** '육두구'라고도 하며 이름은 '머스크 향기가 나는 호두'라는 뜻이다. 단맛과 약간의 쓴맛이 나고, 열매의 씨를 말린 것을 향료로 쓴다.

**노즈워크** 코를 사용해서 하는 개의 후각 활동을 말하며, 개가 좋아하는 간식이나 장난감을 숨긴 후 찾게 하는 훈련법이다.

**도그 쇼** 순종 개들을 품평하는 대회로, 단순히 아름다움을 겨루는 것이 아니라 얼마나 순종 개의 특성을 잘 나타내는가를 기준으로 뽑는다.

**도그 스포츠** 반려견과 반려인이 함께 참여해 겨루는 스포츠로, 미국과 유럽에서는 대중적인 대회로 자리 잡았다. 장애물 코스를 완주하는 '어질리티', 릴레이 경주의 일종인 '플라이 볼', 원반을 이용한 '프리스비' 등 다양한 종목이 있다.

**마카다미아 너트** 호주가 원산지인 열대 나무의 열매로, 코코넛과 비슷한 식감을 가진 견과류.

**마킹** 주로 개들이 산책할 때 여러 장소에 오줌을 누고 냄새를 묻히는 것. 개의 머리나 몸에 들어간 무늬를 말하기도 한다.

**맛봉오리** 척추동물이 미각을 느끼는 감각 기관으로, 꽃봉오리 모양을 하고 있다. '미뢰'라고도 하며, 주로 혀의 윗면에 있다.

**바닐라 익스트렉** '바닐라 추출액'이라고도 하며 바닐라(바닐라나무의 열매인 바닐라 빈)를 도수가 높은 술에 담가 숙성시켜 추출한 용액이다. 베이킹할 때 자주 사용하며 계란이나 밀가루 냄새를 없애고 풍미를 살려 주는 역할을 한다.

**심폐소생술** 심장과 폐의 활동이 멈추어 호흡이 정지되었을 경우 실시하는 응급 처치. 가슴압박과 인공호흡을 한다.

**어질리티** 반려견과 반려인이 한 팀을 이뤄 정해진 장애물 코스를 완주하는 경기. '민첩함'이라는 말의 뜻대로 개의 민첩성과 사람의 훈련 능력을 동시에 시험하게 된다. 국가마다 규칙은 조금씩 다르지만, 완주를 빨리했더라도 '실패'나 '거부'가 발생하면 감점되거나 순위에서 밀리고 이것이 반복되면 실격된다.

**열사병** 몸의 열을 발산하지 못해 체온이 급격히 상승하며 생기는 병으로, 개의 열사병은 보통 더운 여름 차 안과 같이 환기가 되지 않는 좁은 곳에 남겨졌을 때 발생할 수 있다.

**캐럽** 초콜릿 맛이 나는 암갈색의 열매로, 초콜릿 대신 카페인 없는 음식의 풍미를 내는 데 쓰인다.

**코스튬** 어떤 시대나 지역, 인물 특유의 복장을 일컫는 한편, 특정한 캐릭터의 의상이나 특별한 날 전체적으로 갖춰 입은 옷차림을 뜻한다.

**코요테** 갯과의 동물로, 몸 길이는 1미터 정도된다. 늑대와 비슷하나 몸집이 작고 귀가 크며 주둥이가 길고 갈색 털을 가졌다.

**클리커** 클릭 소리를 내는 장치로, 물속에서 돌고래들을 조련하거나 개를 훈련하는 등 동물과의 소통 수단으로 사용되었다. 버튼이 케이스 표면 위로 나와 있어 버튼을 누르면 금속성의 클릭 소리를 낸다.

**터그 놀이** '잡아당기다'라는 말의 뜻처럼, 개가 물고 있는 장난감을 좌우로 당기며 놀아주는 놀이. 호기심의 대상을 대부분 입으로 가져가 욕구를 충족하는 개의 특성상 스트레스를 풀어 주고 넘치는 에너지를 해소하는 장점이 있다.

**포식 동물** 다른 동물을 잡아먹으며 사는 동물로, 야생 생태계 특성상 잡아먹는 포식자가 됨과 동시에 잡아먹히는 대상이 된다.

**플라이 볼** 개가 릴레이를 하는 경기로, 심판의 출발 신호가 울리면 출발선에서 달려 나가 36센티미터 높이의 허들 4개를 차례로 뛰어넘는다. 마지막에 특정 널빤지를 밟아 튀어 오르는 공을 점프해 물고 다시 돌아온다. 릴레이 형식으로, 통상 4마리의 개가 한 조를 이루며 한 경기에 두 팀이 시합을 벌인다.

**플리스** 양모의 길고 부드러운 털을 곱슬거리게 한 천 또는 이런 느낌을 주려고 솜털로 만든 직물을 말한다.

**퓌레** 야채나 고기를 갈아서 체로 걸러 걸쭉하게 만든 음식.

**피냐타** 과자나 장난감 등을 넣은 종이 인형으로, 멕시코나 중남미 국가에서 어린이 축제나 생일 등에 사용해 왔다. 미국 내 스페인어권 사회에서는 아이들이 파티 때 눈을 가리고 막대기로 쳐서 넘어뜨리는, 장난감과 사탕이 가득 든 통을 말한다.

**하네스** 반려동물의 어깨와 가슴에 착용하는 줄을 말한다.

**하울링** 갯과 동물들이 길게 뽑아내는 울음소리. 습관적으로 따라 하거나 위협을 알리는 신호로 하거나 분리 불안, 고통을 나타낼 때 한다.

**Additional photography by** © 2014 A Dogs Life Photography/stock.adobe.com, 76; © adogslifephoto/iStock.com, 38, 39, 69 b., 85 b.; © alexei_tm/iStock.com, 25 t.l., 31 b.; © aluxum/iStock.com, 42 (paint); © Andrey_Kuzmin/iStock.com, 129; © Anna_Rostova/iStock.com, 50; © annaav/stock.adobe.com, 118; © anntronova/stock.adobe.com, 27 t.; © Arden Moore, 6; © BillionPhotos.com/stock.adobe.com, 137; © chalabala/stock.adobe.com, 35; © ChristopherBernard/iStock.com, 40; © claireliz/stock.adobe.com, 30 b.; © damedeeso/iStock.com, 5, 132; © Eriklam/iStock.com, 24, 25 b.; © Ermolaev Alexandr/stock.adobe.com, 47 b., 131 b.; © exzozis/stock.adobe.com, 29 b.; © Fly_dragonfly/stock.adobe.com, 11 t.; © fotyma/iStock.com, 25 t.r.; © GeorgePeters/iStock.com, 59; © GlobalP/iStock.com, 11 b., 16, 95, 108 b., 127, 128 b.; © godrick/iStock.com, 117; © gollykim/iStock.com, 3, 31 t., 98; © GoodLifeStudio/iStock.com, 30 t.; © HadelProductions/iStock.com, 90 b.; © helga1981/stock.adobe.com, 122; © hhelene/stock.adobe.com, 41 (bittersweet); © igorr1/iStock.com, 28 b.; © IndigoLT/iStock.com, 104; © Javier brosch/stock.adobe.com, 52; © leungchopan/stock.adobe.com, 26 b.r.; © LIGHTFIELD STUDIOS/stock.adobe.com, 23, 55, 90 t.; © Liliboas/iStock.com, 15, 47 t., 53, 69 t., 79, 85 t., 128 t., 131 t.; © Marcelo-Kaneshira/iStock.com, 26 t.r.; © marcoventuriniautieri/iStock.com, 102; © MarkCoffeyPhoto/iStock.com, 94; © matka_Wariatka/iStock.com, 41 (tulip); © mato181/iStock.com, 31 m.; © Merril Buckhorn/iStock.com, 93; © mgstock/stock.adobe.com, 26 b.l.; © Michael Burrell/iStock.com, 41 (holly); © Mira Drozdowski/stock.adobe.com, 41 (rhododendron); © mwilson_93/iStock.com, 96; © nadisja/iStock.com, 126; © nataba/stock.adobe.com, 9; © nechaev-kon/iStock.com, 41 (buttercup); © Nerthuz/iStock.com, 44; © Nikolai Tsvetkov/stock.adobe.com, 65; © Orbon Alija/iStock.com, 101; © otsphoto/stock.adobe.com, 29 m., 97; © Parilov/stock.adobe.com, 46; © pauchi/stock.adobe.com, 115; © Pekic/iStock.com, 133; © PhotonStock/iStock.com, 42 (pillow); © rodimovpavel/stock.adobe.com, 73; © RyanJLane/iStock.com, 18; © Sam Edwards/Getty Images, 14; © scisettialfio/iStock.com, 41 (foxglove, oleander); © sdominick/iStock.com, 17; © SKapl/iStock.com, 130; © Soloviova Liudmyla/stock.adobe.com, 28 t.; © SolStock/iStock.com, 119; © SStajic/iStock.com, 29 t.; © svetography/stock.adobe.com, 21; © Tanaphong/iStock.com, 42 (tire); © Tara Gregg/EyeEm/Getty Images, 26 t.l.; © Tropical studio/stock.adobe.com, 30 m., 100; © ulkas/stock.adobe.com, 12; © unpict/iStock.com, 41 (yew); © Vasyl Dolmatov/iStock.com, 136; © vikarus/iStock.com, 27 b.; © WilleeCole/iStock.com, 91; © Wojciech Kozielczyk/iStock.com, 51; © YinYang/iStock.com, 13

이 책에서 눈부신 스타성을 밝게 빛내 준 개들에게 감사의 마음을 전합니다.

- 브룩, 터그 놀이를 좋아하는 스프링어 스패니엘
- 챈스, 개 사육장에서 새끼만 낳다가 목숨을 구한 요크셔 테리어
- 치코, 미니어쳐 푸들로 최고 보안 책임자로 일하다가 은퇴함
- 오딘, 구조된 테리어 믹스로, 담요 더미 밑에 파고 들어가는 걸 좋아함
- 오토, 자기보다 나이가 더 많은 사람에게 매일매일 기쁨을 선사하는 어르신
- 피핀, 네이트라는 소년을 사랑하는 구조된 강아지
- 테사, 아름다운 연 파란색 눈을 가진 끈기 있는 시베리안 허스키

## 윤영 옮김

서울대학교 미학과를 졸업하고 같은 대학원에서 고고미술사학과를 수료했습니다. 현재 번역 에이전시 엔터스코리아에서 번역가로 활동 중이며, '흰둥이'와 '치로'라는 길고양이를 키우고 있습니다. 옮긴 책으로는 《날개가 바꾼 역사》, 《바퀴가 바꾼 역사》, 《축구 양말을 신은 의자》, 《암호 클럽 11: 전설의 황금 동굴 탐험》, 《그림 그리기는 즐겁죠: 밥 로스의 참 쉬운 그림 수업》, 《The Art of 인크레더블2: 디즈니 픽사 인크레더블2 아트북》 등 다수가 있습니다.

강아지 키우기 가이드북

내 가족이 되어주개!

2021년 10월 4일 1판 1쇄 발행
2022년 1월 10일 1판 2쇄 발행

**글** 아덴 무어 | **옮김** 윤영
**펴낸이** 나춘호 | **펴낸곳** ㈜예림당 | **등록** 제2013-000041호
**주소** 서울시 성동구 아차산로 153 예림출판문화센터
**구매 문의 전화** 561-9007 | **팩스** 562-9007
**책 내용 문의 전화** 3404-9217 | **홈페이지** www.yearim.kr

**책임 개발** 유인화 / 박승주 변우현 | **디자인** 이정애 / 강임희
**저작권 영업** 문하영 / 김유미 | **제작** 신상덕 / 박경식
**마케팅** 임상호 / 전훈승 | **홍보 마케팅** 김민경 | **영업 지원** 최순예 / 오혜민

ISBN 978-89-302-7178-3 73490

A KID'S GUIDE TO DOGS: HOW TO TRAIN, CARE FOR, AND PLAY AND COMMUNICATE WITH YOUR AMAZING PET! By Arden Moore
Copyright ©2020 by Arden Moore
All rights reserved.
This Korean edition was published by YeaRimDang Publishing Co., Ltd. in 2021 by arrangement with Storey Publishing through KCC(Korea Copyright Center Inc.), Seoul.

이 책은 ㈜한국저작권센터(KCC)를 통한 저작권자와의 독점 계약으로 ㈜예림당에서 출간되었습니다. 저작권법에 의해 한국 내에서 보호를 받는 저작물이므로 무단 전재와 복제를 금합니다.

**어린이제품 안전특별법에 의한 제품 표시사항**
**제품명** 도서 | **제조자명** ㈜예림당 | **제조국명** 대한민국 | **전화번호** 02)566-1004
**사용연령** 8세 이상 | **주소** 서울시 성동구 아차산로 153 | **제조년월** 발행일 참조
주의! 책을 던지거나 떨어뜨리면 다칠 우려가 있으니 주의하십시오.